红色广东丛书

邓发

林雄辉 著

SPM
南方出版传媒
广东人民出版社
·广州·

图书在版编目(CIP)数据

邓发/林雄辉著. —广州：广东人民出版社，2021.6

(红色广东·广东工农运动领袖)

ISBN 978-7-218-14852-6

Ⅰ.①邓… Ⅱ.①林… Ⅲ.①邓发（1906—1946）–传记 Ⅳ.①K827=6

中国版本图书馆 CIP 数据核字（2020）第 268991 号

DENG FA

邓发

林雄辉 著

出 版 人：肖风华

责任编辑：夏素玲　谢　尚
责任技编：吴彦斌　周星奎
封面设计：河马设计　李卓琪
排版制作：邦　邦

出版发行：广东人民出版社
地　　址：广州市海珠区新港西路 204 号 2 号楼（邮政编码：510300）
电　　话：（020）85716809（总编室）
传　　真：（020）85716872
网　　址：http://www.gdpph.com
印　　刷：广东鹏腾宇文化创新有限公司
开　　本：787mm×1092mm　1/16
印　　张：9.75　　字　数：93.3 千
版　　次：2021 年 6 月第 1 版
印　　次：2021 年 6 月第 1 次印刷
定　　价：38.00 元

如发现印装质量问题，影响阅读，请与出版社（020-85716808）联系调换。
售书热线：（020）85716826

《红色广东丛书》编委会

总　序

　　百年征程波澜壮阔，百年大党风华正茂。习近平总书记在党史学习教育动员大会上指出："我们党的一百年，是矢志践行初心使命的一百年，是筚路蓝缕奠基立业的一百年，是创造辉煌开辟未来的一百年。"翻开风云激荡的百年党史，一代又一代中国共产党人，用鲜血和生命浸染了党旗国旗的鲜亮红色，书写了可歌可泣的历史篇章，铸就了彪炳史册的丰功伟绩。一百年来，党的红色薪火代代相传，革命精神历久弥坚，红色基因已深深根植于共产党人的血脉之中，成为我们党坚守初心、永葆本色的生命密码。

　　广东是一片红色的热土，不仅是近代民主革命的策源地，也是国内最早传播马克思主义、最早成立共产党早期组织的省份之一。在新民主主义革命的漫长历程中，广东党组织在中共中央的领导下，发动、组织和领导广东人民开展了一系列广泛而深远的革命斗争。1921年，广东党组织成立后，积极开展工人运动、青年运动，并点燃农民运动星火。第一、二、三次全国劳动大会连续在广州召开，全国工人运动的领导机关——中华全国总工会在广州诞生。中国社会主义青年团第一次全国代表大会在广州召开，促进了全国团组织的建立、发展。在"农民运动大王"彭湃领导下，农潮突起海陆丰影响全国。

1923年，中共中央机关一度迁至广州，中国共产党第三次全国代表大会在广州召开，推动形成了第一次国共合作，建立了国民革命联合战线，掀起了大革命的洪流。随后，在共产党人的建议下，黄埔军校在广州创办，周恩来等共产党人为军校的政治工作和政治教育作出了重要贡献，中国共产党也从黄埔军校开始探索从事军事活动。在共产党人的提议下，农民运动讲习所在广州开办，先后由彭湃、阮啸仙、毛泽东等共产党人主持，红色火种迅速播撒全国。1925年，广州和香港爆发省港大罢工，声援五卅运动，成为大革命高潮时期一个十分引人注目的重要斗争。1926年，在统一广东革命根据地后，国民革命军在广州誓师北伐，以共产党员为骨干的北伐先锋叶挺独立团所向披靡，铸就了铁军威名。在北伐战争胜利推进的同时，广东共产党组织和党领导的革命队伍迅速扩大和发展，全省工农群众运动也随之进入高潮。

1927年"四一二"反革命政变以后，广东共产党组织在全国较早打响反抗国民党反动派血腥屠杀的枪声，广州起义与南昌起义、秋收起义一起，成为中国共产党独立领导中国革命、创建人民军队的伟大开端。随后,广东党组织积极探索推进工农武装割据,在海陆丰建立第一个县级苏维埃政权,并率先开展土地革命,开启了中国共产党领导人民进行的最重大的社会变革。与此同时,广东中央苏区逐步创建和发展起来,为中国革命的发展作出了不可磨灭的贡献。1931年,连接上海中共中央机关与中央苏区的中央红色交通线开辟,交通线主干道穿越汕头、大埔,成功转移了一大批党的重要领导,传送了重要文件和物资,成为土地革命战争时期党的红色血脉。1934年,中央红军开始了举世瞩目的长征,广东是中央红军从中央苏区腹地实施战略转移后进入的第一个省份,中央红军在粤北转战21天,打开了继续前进的通道,成功走向最后的胜利。留守红军在赣粤边、闽粤边和琼崖地区进行了艰苦卓绝的游击战争,高举红旗永不倒。

抗战全面爆发后,中共中央和中共中央长江局、南方局十分重视和加强对广东党组织的领导,选派了张文彬等大批干部到广东工作。日军侵入广东以后,广东党组织奋起领导广东人民开展敌后抗日游击战争,成立了东江纵队、琼崖纵队、珠江纵队、广东人民抗日解放军、南路人民抗日解放军和韩江纵队等抗日武装,转战南粤辽阔大地,战斗足迹遍及70多个县市。华南敌后战场成为全国三大敌后抗日战场之一,党领导的广东人民抗日武装被誉为华南抗战的中流砥柱。香港沦陷以后,在中共中央的领导和周恩来等人的精心策划安排下，广东党组织冲破日军控制封锁，成功开展文化名人秘密大营救，将800多名被困香港的文化名人、爱国民主人士及家眷、国际友人等平安护送到大后方，书写了抗战史上的光辉一页。

解放战争时期，在中共中央的领导下，华南地区大力开展武装斗争，开辟出以广东为中心的七大块游击根据地，成立了中国人民解放军琼崖纵队、粤赣湘边纵队、闽粤赣边纵队、桂滇黔边纵队、粤中纵队、粤桂边纵队和粤桂湘边纵队等人民武装，其中仅广东武装部队就达到8万多人，相继解放了广东大部分农村，在全省1/3地区建立起人民政权，为广东和华南的解放创造了有利条件。在广东党组织的配合下，人民解放军南下大军发起解放广东之役，胜利的旗帜很快插遍祖国南疆。

革命烽火路，红星照南粤。广东见证了中国共产党从新生到大革命、土地革命，再到抗日战争、解放战争等革命斗争全过程。其间，毛泽东、周恩来、刘少奇、朱德、邓小平、叶剑英、彭德怀、刘伯承、贺龙、陈毅、聂荣臻、徐向前、李富春、粟裕、陈赓等老一辈革命家和李大钊、蔡和森、瞿秋白、陈延年、彭湃、叶挺、杨殷、邓发、张太雷、苏兆征、杨匏安、罗登贤、邓中夏、恽代英、萧楚女、阮啸仙、张文彬、左权、刘志丹、赵尚志等一大批革命先烈都在广东战斗过，千千万万广东优秀儿女也在革命斗争中抛头颅、洒热血，留下了光照千秋的革命历史和革命精神。广东这片红色热土，老区苏区遍布全省，大大小小的革命遗址分布各地，留下了宝贵而丰厚的红色文化历史遗产。

习近平总书记强调，中国革命历史是最好的营养剂。重温这部伟大历史能够受到党的初心使命、性质宗旨、理想信念的生动教育，必须铭记光辉历史、传承红色基因。我们有责任把党领导广东人民进行革命斗争的光辉历史和伟大功绩研究深、挖掘透、展示好，全面呈现广东红色文化历史，更好地以史铸魂、教育后人，让全省人民在缅怀英烈、铭记历史中汲取砥砺奋进的强大力量，让人们深刻认识红色政权来之不易，新中国来之不易，中国特色社会主义来之不易，确保红色江山的旗帜永远高高飘扬。

为充分挖掘广东红色文化资源的丰富内涵，我们组织省内党史、党校、社科、高校等专家学者，集智聚力分批次编写《红色广东丛书》。丛书按照点面结合、时空结合、雅俗结合原则，分为总论、人物、事件、地区、教育五个版块。总论版块图书，主要综述中国共产党在广东的革命斗争历史概况，人物版块图书主要讴歌广东红色人物，事件版块图书主要论说党领导广东人民开展革命斗争的历史事件，地区版块图书从地市和历史专题角度梳理广东地域红色文化，教育版块图书着力打造面向青少年及党员的红色主题教材。丛书以相关的文物、文献、档案、史料为依据，对近些年来广东红色文化资源研究成果做了一次全面系统梳理，我们希望这套丛书能为党史学习教育、革命传统教育、爱国主义教育提供重要内容支撑。

一切向前走，都不能忘记走过的路，走得再远、走到再光辉的未来，也不能忘记走过的过去，不能忘记为什么出发。站在"两个一百年"的历史交汇点上，我们要更加坚定自觉地学史明理、学史增信、学史崇德、学史力行，赓续红色血脉，传承红色基因，以一往无前的奋斗姿态、风雨无阻的精神状态，推动广东在全面建设社会主义现代化国家新征程中走在全国前列、创造新的辉煌。

《红色广东丛书》编委会

2021年6月

目　录

邓发是广东省云浮人，牺牲时只有40岁。他用自己短暂的人生，为党的事业、为人民的解放，恪尽职守，勤奋努力，创造出许多光辉的业绩，留下许多不朽的丰碑。他的一生是伟大的一生、革命的一生、战斗的一生。

在1922年的香港海员工人大罢工中，邓发积极响应号召，参加各项组织活动，被大家称为海员大罢工的活跃分子。他白天奔走在罢工队伍之中，晚上到夜校补习汉语文化和英文课程。经过此次罢工的锻炼，邓发提高了对团结起来重要性的认识，提高了对工人阶级力量伟大和工人运动前途的认识。

邓发当年只有25岁，但他机智勇敢，精明干练，已经积累了一些公开、秘密工作的经验，有较强的领导才能。他以各种有效的方式和手段，训练机要、保卫、警卫干部，制定与部署反特防奸等一项项保安措施，很快在苏区各省县和红军各军团、师、团陆续建立起政治保卫组织。他常亲自写讲稿、上讲台，讲解政治保卫工作的重要性，讲解政治保卫干部的职责和政治保卫工作部门的组织纪律。

1937年9月，邓发奉中央之命由莫斯科回国。到新疆迪化（即乌鲁木齐）时，中共中央指示他留在新疆，接替陈云的工作，担任中国共产党驻新疆代表，并领导八路军驻新疆办事处和西路军总支队（对外称"新兵营"）的工作，化名方林。同年12月，邓发被增补为中央政治局委员。

邓发本人，因其担任的职务和对职工会的领导，以及组织赵占魁运动取得的成效，而被誉为不仅是中国职工运动的领袖之一，还是一个优秀的工业建设的领导者、国内外知名的工会活动家。

1945年9月25日—10月9日，世界职工大会在巴黎召开，到会的有60多个国家的300多名代表。中国代表团成员代表区域的广阔，以及解放区与国统区工会的友好合作，引起各国代表团和代表们的极大兴趣。由于朱学范的先期申请，更由于邓发是第一个出席世界性会议的中国解放区工会代表，大会主席团同意由邓发代表中国代表团发言（规定每个代表团只有一个大会发言名额），各国代表也都想听听来自中国共产党领导的解放区工会代表的主张，都想了解中国解放区工人的斗争和生活。

邓发对中国人民解放事业的执着，对阶级敌人的仇恨，对家乡亲人的眷恋，对同志和朋友的热情、豁达，对是非曲直爱憎分明，他处事机敏干练，乐观主义的精神，这些都值得人们永远怀念。

前　言

邓发

　　邓发是广东省云浮人，牺牲时只有40岁。他用自己短暂的人生，为党的事业、为人民的解放，恪尽职守，勤奋努力，创造出许多光辉的业绩，留下许多不朽的丰碑。他的一生是伟大的一生、革命的一生、战斗的一生。

　　正如他的老战友杨尚昆，在纪念邓发九十周年诞辰时，给广东省云浮市委的贺信中所作的评价："邓发同志早在中国共产党建立初期，就投身到中国工人运动中去，是我国和国际工人运动的著名领袖之一，是坚定的共产主义战士和无产阶级革命家。邓发同志毕生为工人阶级的利益进行了不屈不挠的斗争，对党和人民忠心耿耿，鞠躬尽瘁，死而后已，为中华民族的解放事业做出了卓越的贡献。他以自己的行动实践了'把一切献给党'的庄严誓言，塑造了坚强共产主义战士的光辉形象。"

国内关于邓发的研究，有《中共党史人物传》（第三卷"英烈篇、模范篇"，人民日报出版社、中央文献出版社2001年版）、《邓发纪念文集》（中共党史出版社2002年版）、《邓发百年诞辰纪念画册（1906—2006）》（中共党史出版社2006年版）等书籍，本书的编写参考和引用了其中的史料和图片。特此说明。

第一章

投身革命　省港锤炼

投身革命　省港锤炼

　　邓发家境贫寒，虽因兄妹多，没读多少书，但从小好学上进，未成年便离开家乡云浮，到广州打工，以减少父母负担。在广州和香港打工的日子里，特别是在参加香港海员工会后，邓发在苏兆征等人的影响下，投身革命，成为一名优秀的中国共产党党员；在伟大的工运斗争中，在广州、香港

邓发故居

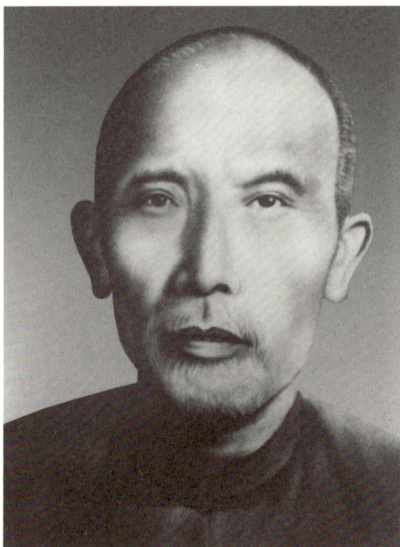

邓发的父亲邓应培

两地的领导岗位上，邓发经受考验，为今后在重要岗位的任职，打下坚实基础。周恩来沉痛哀悼邓发的早年牺牲，在悼文中明确地告诉人们："邓发！你是工人队伍培养出来的领袖。"

一、在羊城加入共产党

邓发，1906年3月7日（农历二月十三日）生于广东省云浮县城西㙟石塘村一户贫困农民家庭。他父亲邓应培，读过几年书，他母亲出身小商家庭，性情善良。家中有四个孩子都先后因病无钱医治而夭折，大女儿早早出嫁，小女儿卖给人

投身革命　省港锤炼

家当童养媳。邓发乳名八仔（因兄妹10人，邓发排行第8），原名邓元钊，曾用名邓八、邓英铭、杨鼎华、方林。1922年参加海员工会时，改名邓发。

邓发父母从小对子女要求严格，邓发自幼在哥哥的带动下，4岁就开始背诵《三字经》等。因家境贫穷，邓发8岁时才向父亲提出上学的要求，但没有得到满足，只得在家边劳动边跟哥哥学点知识，有时到村里私塾上点课。直到11岁才入东明小学插班读书，后转入城西小学读四年级。他深知读书的不易，因而勤奋刻苦，四年级升学时，成绩为全年级第一名。

1921年，15岁的邓发被迫离开学校，走向社会寻求生活来源。他离开云浮后，第一站就到了广州。邓发的三哥邓

邓发兄弟（右起：五哥邓芳、三哥邓章、九弟邓镇）

章，先让弟弟在其工作的厨房当了两个月的杂工，而后托亲朋介绍他到西湖路的公益祥酒店当茶房。邓发为人诚实，反应敏锐，办事勤奋利索，服务热情细致，很得住店客人的喜欢。也就是在这一时期，他认识了香港海员工运的领袖苏兆征。由于客人不少是来自香港，邓发在交往中多少也知道香港的一些情况。冬天，邓发便离开广州去了香港。先是由五哥邓芳的关系在鲗鱼涌太古船坞一洋人家当杂工、干厨工，后又转到大洋轮和英国驻港兵舰上当厨工。邓发在经受挨骂受累、时刻害怕被解雇的日子里，只好以出身穷人家庭、命苦等为由，给自己解脱。后来，在与苏兆征等人的接触和影响教育下，逐渐知道了什么叫剥削和压迫，知道了为什么会有那么多的不平等，知道了什么才是劳苦大众的出路。他加入了海员工会、洋务工会。在工会中，他不仅结识了不少朋友，而且知道了更多革命的道理，阶级觉悟和斗争意志在不断提高，终于自觉地投身于轰轰烈烈的工人运动之中。

在1922年的香港海员工人大罢工中，邓发积极响应号召，参加各项组织活动，被大家称为海员大罢工的活跃分子。他白天奔走在罢工队伍之中，晚上到夜校补习汉语文化和英文课程。经过此次罢工的锻炼，邓发提高了对团结起来重要性的认识，提高了对工人阶级力量伟大和工人运动前途的认识。邓发曾对苏兆征说："我看这次海员罢工的胜利，主要是因为团结得好，如果全国各业工人都团结起来，力量就不小啦!"苏兆征看着邓发的成长，心里十分高兴，他回答邓发说："对呀! 不过要一下子都团结起来，还有很多困难，首先要将香港原有的工会联系好，要有严密的工作。"苏兆征还向邓发讲了如何胆大心细地工作，讲了如何在斗争一线经受锻炼而成长的道理。

1925年上海发生著名的"五卅"运动后，广州和香港的工人在中国共产党的领导下，举行了支援上海工人和各界反帝斗争的省港大罢工。6月23日，回到广州的香港罢工工人和广州各界十万人举行反帝示威大游行，当队伍走到沙基时，英、法在沙面的驻军竟向游行队伍开枪疯狂扫射，制造了"沙基惨案"。此举，更激起了省港工人和各界人士的义

省港罢工委员会大门

苏兆征

愤。在苏兆征、林伟民、邓中夏、陈延年等人的领导下，香港工人罢工人数迅速增加，达到了25万人，有13万人陆续回到广州。7月初，中华全国总工会召开广州香港两地罢工工人代表大会，选举成立省港罢工委员会，推选苏兆征为委员长。邓发参加代表大会后进入罢工委员会工作，先在工人纠察队，后经过宣传学校的学习，被分配到宣传部属下的宣传队任分队长。他同宣传队的队员一起，根据《宣传大纲》的要求，采取刷标语、街头演讲、演活报剧等多种形式进行宣传鼓劲。他们还深入工厂、社区、农村，向民众宣传爱国主义，揭露帝国主义罪行；宣传省港大罢工的意义，讲清团结就是力量的道理。有一次，当邓发讲到"中国人民要起来救国，救国要靠大家、靠集体，不能靠个人，要救国，就要团结"时，全场先爆出热烈掌声，随即响起了"团结起来"的呼喊声。

邓发在投身工人运动的过程中,经受锻炼,在苏兆征等人的领导下迅速成长,他明确了中国共产党的性质和使命,知道了学习马克思主义的道理和意义,积极靠近党组织,迫切希望成为一名中国共产党党员。1925年秋,经苏兆征介绍,邓发光荣地参加了中国共产党,并很快成为所在支部的组织干事。

二、组织参加广州起义

邓发成为一名共产党员后,便全身心投入革命事业。1925年10月,国民政府组织第二次东征,省港罢工委员会组织运输队、宣传队、卫生队随军出征。此时,邓发担任广州市属西北总工会常委兼支书,积极支援东征。1926年7月,国民革命军进行北伐,邓发任国民党广东省党部北伐青年工作队队长,动员和组织青年们从人力、物力、财力等各方面支持北伐。1927年"四一二"反革命政变后,广州便发生了"四一五"反革命"清党"大屠杀,解除了省港罢工委员会工人纠察队的武装,捣毁工会和农会等革命组织,逮捕共产党员和革命群众2000多人,许多著名的共产党员和工人运动领导人被杀害,党的工作被迫转入地下。按照党组织的安排,邓发留在广州,担任广东油业总工会中共支部书记。邓发在白色恐怖的险恶环境下,与油业工人打成一片,秘密开

1927年，广州起义失败后，永汉路上被杀害的革命者。

展党的地下工作。

1927年12月11日，中国共产党领导的广州起义爆发。邓发组织工人积极参加，他担任广州工人赤卫队第四联队队长兼五区副指挥。第四联队主要由建筑等行业的工人组成，起义时在惠福路土木建筑工会驻地集中。起义当日，邓发率第四联队攻打警察讲习所、惠福路大佛寺保安队队部、大南路警察局和第四区警署。起义胜利后，为庆祝广州苏维埃政府成立，邓发同部分赤卫队员在维新路一带的马路上挂大幅红布横额和标语，表达心中的激情和对新生政权的祝贺。

12月12日，敌人集结力量进行反扑。在观音山，邓发带领赤卫队充当支援队；在长堤，邓发与赤卫队员一起阻击河南之敌李福林部。12月13日，更多的敌人分四路向广州城大举进攻。为保存革命武装力量，起义指挥部决定起义军撤出广州市区。由于大部分赤卫队分散在市区各处，再加上同敌人打得难解难分，不少赤卫队都没收到撤出战斗的通知。邓发与赤卫队员们边打边退，在大德路四牌楼一带与敌激战，至下午1时许，阵地上只剩邓发等3位队员，邓发对他们说："现在我们已和指挥部失去联系，子弹也光了，赤手空拳和敌人干只有白白牺牲。革命的路还长着呢，眼下我们三人要分散跑开，想法隐蔽起来，以后要找党，还要干革命。"邓发先让战友们跑开，而后自己辗转进入四牌楼牌坊巷5号他四叔公（邓北水）家。邓发为了不引起尾随军警的搜查及嫌疑，便叫四叔婆找来几张旧药方纸，又把痰盂里的脏水倒

永汉路上被杀害的革命者

广州起义时广州苏维埃政府旧址

一些在床边地上，盖上一些炉灰，自己躺在床上盖上被子。半小时后，反动军警便进屋搜查，本想上前试探床上的人，但发现床前有呕吐物和药方纸，见床上病人一脸疲倦样，便手捂着嘴退出了房间。傍晚，为安全起见，邓发的哥哥先把他转到自己家里，为使下一步不被怀疑而被捕，邓发让哥哥去省公安局伙房取来一盏印有"公安局"字样的大"风灯"，把灯挂在门头上，并把大门打开。一会，当搜查的军警快过来时，兄弟二人在门口站着，造成有公安局的人正在屋里搜查的样子。

两天后，邓发到西关卢荻巷南海中学厨房当临工。半个月后，他按组织的命令，离开广州，回到云浮老家隐蔽起来。从广州到云浮，当时走的是水路，由西江而上，沿途车站、码头都有反动军警的严密盘查。邓发利用自己以前学过的"炭相"技艺，把自己装扮成画"炭相"的人，带着画笔及所需材料和自己过去画的几幅"炭相"，再戴上一副眼镜，装成到乡下替人画像的画家，躲过了敌人的盘查。

邓发在云浮老家隐蔽期间，他回顾了广州起义的经过，曾对自己表弟说：广州起义虽然失败了，但"革命者是不怕失败的，孙中山先生能够经十次失败才得到最后一次成功，为什么我们不能学他那样坚忍的性格呢？"他希望党组织尽快给他安排工作。

作为广州起义的参与者，邓发曾写下《纪念广州暴动学习广州暴动经验和教训》一文，用辩证唯物主义和历史唯

邓发绘制的炭笔画

物主义的观点，热情赞颂起义组织者与参加起义的勇士们。他认为："广州暴动虽然在帝国主义国民党白色恐怖屠杀压迫之下遭受了失败，但是这一暴动已开辟了中国苏维埃革命的新阶段，在世界及中国革命史上占了光荣的一页。"他从亲历者的角度，实事求是地阐明了广州暴动的经验教训，深刻地指出失败的原因：一是，在暴动艺术上和军事技术上，都非常幼稚；在群众发动上，当时除了赤卫军、红色维持队及有组织的工人外，市郊农民及广大的工人、城市贫民尚未发动，暴动的力量自然减少。二是，暴动成功后的第二天党的会议无法召集，有些同志则参加作战，有些同志则因"胜利而头晕"随便乱跑，甚至支书两次召集活动分子会议都不成会。尤其在张太雷同志牺牲后，负责同志表现仓皇失措。三是，军事训练的缺乏，夺取了敌人的武器不会使用。而敌人的军事力量对比超过我方几十倍，加之市内反革命力量，暴动两天尚未肃清。四是，帝国主义（英、日、美、法、意）等海军一起的围攻，使广州暴动遭受失败。

三、任职香港、广州两地市委书记

1928年春，邓发听从党组织安排前往香港，先在太古船坞任党支部书记。不久任香港市委组织部长，组建并领导香港的特科工作。秋天，邓发被补选为广东省委委员兼中华全国

当年的香港船坞

总工会南方代表、香港工人代表会议主席。冬天，任香港市委书记。1929年初，任广州市委书记，不久又改任香港市委书记。

此时的香港处于白色恐怖笼罩之中，共产党和工会组织遭到严重破坏。邓发到香港后，最急迫的工作，一是尽快恢复共产党和工会组织，二是宣传教育组织群众。为了恢复党的组织，邓发不畏风险，通过各种渠道与方式，寻找、联系已转入地下隐蔽和秘密工作的党员，根据不同环境和斗争需要，恢复或重建党的基层组织。同时还努力清除内奸和叛徒，纯洁党的队伍。为教育和组织群众，邓发出生入死，深入工人群众之中，他常到各个船坞召集海员及洋务工人开会，宣传革命道理和斗争策略，先后恢复了原有的一些革命工会，并通过合法斗争与隐蔽战斗相结合的办法，逐步树立起在香港工运中的威信，成为香港工运的有名领导人。

在白色恐怖中从事党的地下工作，随时都有被特务、密探和叛徒跟踪、被捕、被杀的危险，邓发在如此恶劣的条件下，练就了一种特殊的机敏性和高度的警惕性，并掌握了生存与发展的斗争艺术。

有一次党组织通知陈慧清和一位同志到尖沙咀鲗鱼涌接头。陈慧清按时到了鲗鱼涌，当时邓发因为要把这个同志的组织关系交给陈慧清，所以他也到了鲗鱼涌，那位同志也依时到了。三个人尚未接头，邓发就看到两个国民党特务跟踪着那位同志，在附近也发现有可疑的人。邓发于是当机立断，马上跑到陈慧清身边挽着她的手就走，装着约会逛街的样子，不再前去与那位同志接头。陈慧清当时还没醒觉，对邓发的一系列行为感到莫名其妙，走远了她就问邓发出了什么事，邓发才告诉她有人跟踪破坏，很危险。经他这么一说，陈慧清才醒悟过来。

邓发在香港期间，曾针对港英当局不准宣传共产党，不准搞政治活动的限制，设法布置做半公开的宣传，其具体办法最主要有两种：一种是事先发通知给工会工人，告诉他们集会的时间和地点，一到时候工人就从四面八方赶来，待有了相当的人数后，就由一两位同志进行宣传讲话，然后就散发传单。港英警察一来，众人立即散会。如此一来，不仅到来的工人听到宣讲，就连很多前来凑热闹的群众也听到他们的宣传。另一种方法是，事先派出我党人员开着两辆大卡车，分别在一条街的两头停下来假装修理汽车。这样把街的两头一堵，警车就开不进来，他们就在街中间那段开展宣传工作，派发传单。通过这样的宣传，扩大了党在群众中的影响。邓发也经常亲自在这些场合讲话。

当时港英当局禁止共产党集会和群体活动，党组织在香港开展活动和开会受阻，加上经常受到国民党特务的破坏。集会等活动一旦被港英警察发现就要坐牢，所以党组织的开会活动是秘密进行的，但仍然有的党组织开会经常被港英警察发现。于是邓发提出，凡是开会的地点，一定要在窗口或者外面看得见的地方摆上香炉或者花盆作暗号，以示安全；凡是没有摆放暗号的就不能进去。采取了这个办法后，邓发有好几次避过了危险。但是后来港英警察知道了他们的暗号，就事先派人到开会的地方埋伏，不准他们的人拿下暗号，因此有的同志被捕了。邓发知道这一情况后，马上改变了办法，定出凡是开会的地方，要选择两间共用一条楼梯的房子。这样的房子，两户的大门对着，必要时就可利用对面的大门，当开会的人到来时，先敲对面的门佯作找人，而在对门那边准备开会的人，听到有敲门声，就派人出来看，如果是来开会的同志，开会的地方安全没异样，就让他们进来。采取这个办法后，党组织开会就没出过事。

当时香港还没有处治政治犯的法律，一抓到中共党员就立即驱逐其出境。香港英国政府，通常在处置被捕同志驱逐出港之前，就先告知国民党特务。国民党特务一知道有共产党人被驱逐出港，就在半途或船上、码头劫持共产党人，再而或押回广州，或直接将之秘密杀害。由于国民党特务的手段毒辣，共产党内有些同志被害了。邓发知道这一情况后，就采取同国民党特务抢夺人员的办法。他布置党组织的成员经常去了解有没有被捕的同志将要被驱逐出境，一旦知道有同志被驱逐出境的消息，就立即组织人力，在半途、码头或船上抢救我们的同志。做得比较多的是在轮船离岸时用小船把同志救出来。邓发经常亲自前去营救同志，而且大都取得成功。

邓发在香港的宣传工作是在与国民党特务和港英当局设置的难关中斗智斗勇。陈慧清回忆起邓发同国民党特务争夺宣传阵地的事情。有一年中秋节前后，国民党特务利用一些茶楼酒馆做反俄、反共宣传，他们用大木牌或大幅宣传画，在上面画了一个人右手拿着一把高高举起的大刀，左手抓起一只鹅，一副杀鹅的样子，实质是在影射杀"俄"。邓发看到后，与他们针锋相对地作斗争。他安排一班人到郊外捕捉了很多蚱蜢回来，又派人去油麻地买了许多缸瓦钱罐（过去小孩用作储钱的），在钱罐里先放入粪尿，再把蚱蜢放进去。之后就分别派人到有反共宣传物的茶楼，等到茶楼最旺市的时候，就暗地把钱罐打烂，让那些沾有人粪的蚱蜢到处乱飞。如此一闹，第二天就很少人去这些茶楼饮茶了。迫不得已，茶楼的老板只好赶快把那些反俄、反共标语和漫画收了起来。

1928年冬，因需要有个地点集中人员传达党的六大精神，广东省委把任务交给了邓发，邓发请示省委同意，决定利用省委文书科干部张穆和李少珍结婚宴席的机会。在邓发周密细致的安排下，会议开得很顺利。

1929年7月，广东省委决定撤销中华全国总工会南方办事处，成立工委并以中华全国总工会南方办事处的名义活动。邓发担任省委工委委员兼香港工人代表会党团书记。11月23日，中共广东省委召开常委会，决定邓发担任省委常委、组织部长，并继续兼任中共香港市委书记。

投身革命　省港锤炼

　　同年12月的一天上午，邓发去香港铜锣湾篱园一个地下印刷点检查工作。行前并不知道该点在昨天晚上因受军警突然袭击，有两个同志被捕。由于情况突然，中共党组织的同志还没来得及取下窗台上作为联络暗号的花盆，但敌人已在内外布好人员，等候前来联系的共产党人。邓发来到门前正要敲门，突感有些不对，迅速转身去敲对面房的门。此时埋伏的军警开门盘查，虽经多次说明自己是从广东乡下来找哥哥的，半信半疑的军警还是把邓发抓走。由于没有证据证明邓发是共产党员，且连番审问，邓发咬定是来找哥哥的，口供一直没有变化，敌人只好把他关在普通牢房。党组织得知邓发被捕的消息后，一方面派陈慧清设法了解监禁情况，了解敌人审问的过程特别是口供；一方面找在警察局当厨师的邓发的五哥邓芳，设法疏通关系争取保释。陈慧清以5元港币说服一名给牢中犯人送饭的妇女，设法带出邓发写着敌人审问时口供的纸条。邓芳找到警察局上司，证明确实是自己亲弟弟，求帮助保释出狱。警察局派人认真对了口供且没发现破绽，便同意由邓芳出钱将邓发保释出狱。在监狱中，邓发临危不惧，处事镇定沉着，即使受审受刑，依然不肯说出自己的身份和党的秘密。

　　由于在监牢审问中，邓发的一根肋骨被打断裂，邓发出狱后，组织上把他安排到一位姓卢的同志家，并派陈慧清前去照顾。邓发一心想着如何尽快去工作，第三天就着急要走，陈慧清再三说明组织的要求，邓发对陈慧清说："党的事业是一刻也不能停止的，在监牢里，我已经大大地休息过了。"硬是带着伤痛回到战斗岗位。

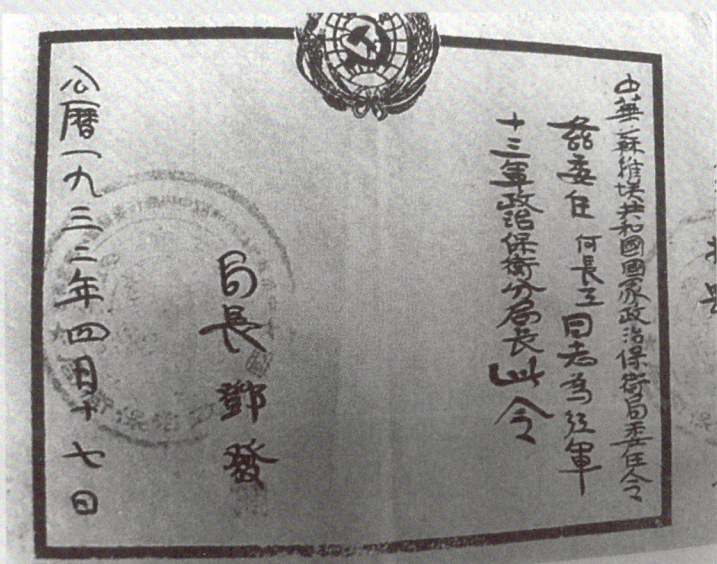

第二章

保卫政权 尽职尽责

保卫政权　尽职尽责

邓发等革命人士在香港和广州一带的活动，有力地打击了国民党政权和港英统治。国民党当局与港英警察相勾结，曾在香港贴出布告，悬赏5万大洋，通缉抓捕邓发。为了邓发的安全和革命工作的需要，党组织指示邓发与新婚妻子陈慧清离开香港，进入苏区，先到福建工作。

一、首任中华苏维埃共和国国家政治保卫局局长

1930年9月，邓发在上海参加党的扩大的六届三中全会，被选为中央委员。12月，根据党中央的决定，邓发前往粤东大南山，主持召开闽粤赣边区党的代表大会，会上决议取消东江行动委员会，成立闽粤赣边区特委、闽粤赣边区军事委员会、红军闽粤赣军区司令部。邓发被任命为闽粤赣边区特委书记、闽粤赣边区军事委员会主席。

1931年1月，邓发参加党的六届四中全会；5月，按照党中央给闽粤赣边区特委的指示信要求，作出了《关于彻底肃清社会民主党AB团的建议》，使王明"左"倾教条主义错误路线在闽西贯彻，导致肃反扩大化。

江西瑞金中华苏维埃第一次会议旧址

保卫政权　尽职尽责

1931年7月，邓发奉中央之令，进入中央根据地，来到瑞金，在中国工农红军总司令部政治保卫处工作。

1931年11月7日至20日，中华苏维埃第一次全国代表大会在瑞金叶坪村举行。来自闽西、赣东北、湘赣、湘鄂西、琼崖、中央等根据地的红军部队，以及在国民党统治区的全国总工会、全国海员总工会的610名代表出席了大会。毛泽东代表苏区中央局向大会作《政治问题报告》。大会通过了《中华苏维埃共和国宪法大纲》，以及《中华苏维埃共和国土地法》《中华苏维埃共和国劳动法》《中华苏维埃共和国关于经济政策的决定》等法律文件，选出了由63人组成的中央执行委员会，宣告中华苏维埃共和国临时中央政府成立。在27日召开的中央执行委员会第一次全体会议上，毛泽东被选为中华苏维埃共和国临时中央政府人民委员会主席，项英、张国焘为副主席。邓发参加了大会，并被选为人民委员会委员，会后被任命为中华苏维埃共和国国家政治保卫局局长。同时，在中央苏区执行委员会选举中被选为中央苏区中央局委员。

国家政治保卫局的职责是：在苏维埃境内依照中华苏维埃共和国宪法之规定，在临时中央政府人民委员会领导之下，执行保密、压制和消灭政治上经济上一切反革命的组织活动，负责情报的收集和锄奸等任务。国家政治保卫局成立之前，中共的情报工作分为苏区和白区两大系统。白区的情报与保卫工作归特科主管，苏区的情报与保卫工作归肃反委

中华苏维埃共和国国家政治保卫局旧址

员会主管。新成立的国家政治保卫局，下设侦察部、执行部、白区工作部等工作部门，侦察部部长是李克农，执行部部长是洪水（越南人），白区工作部部长是潘汉年，秘书长是欧阳毅。

邓发当年只有25岁，但他机智勇敢，精明干练，已经积累了一些公开、秘密工作的经验，有较强的领导才能。他以各种有效的方式和手段，训练机要、保卫、警卫干部，制定与部署反特防奸等一项项保安措施，很快在苏区各省县和红军各军团、师、团陆续建立起政治保卫组织。他常亲自写讲稿、上讲台，讲解政治保卫工作的重要性，讲解政治保卫干部的职责和政治保卫工作部门的组织纪律。他要求政治保卫工作干部要做到"不需知者不求知，不应讲者不乱讲"，"服从命令，听从指挥"。

蒋介石在对中央根据地进行军事"围剿"的同时，也不断派密探奸细渗入中共党组织内部，从事盗窃党和军队重要情报、刺杀党政军高级干部的阴谋活动。邓发组织政治保卫局针对这一阴谋，采取有计划有组织地分期培训各级机要、保卫、警卫人员的措施，明确要求凡是担任党中央、中央军委、苏维埃共和国政府机关和首长的机要干部、警卫人员，除需经过严格挑选和政治审查外，还要经过由国家政治保卫局组织的短期培训。

在瑞金叶坪举办的机要干部短训班，从开始到结束都严格保密，训练主要内容都由邓发和李克农亲自制定和担任主

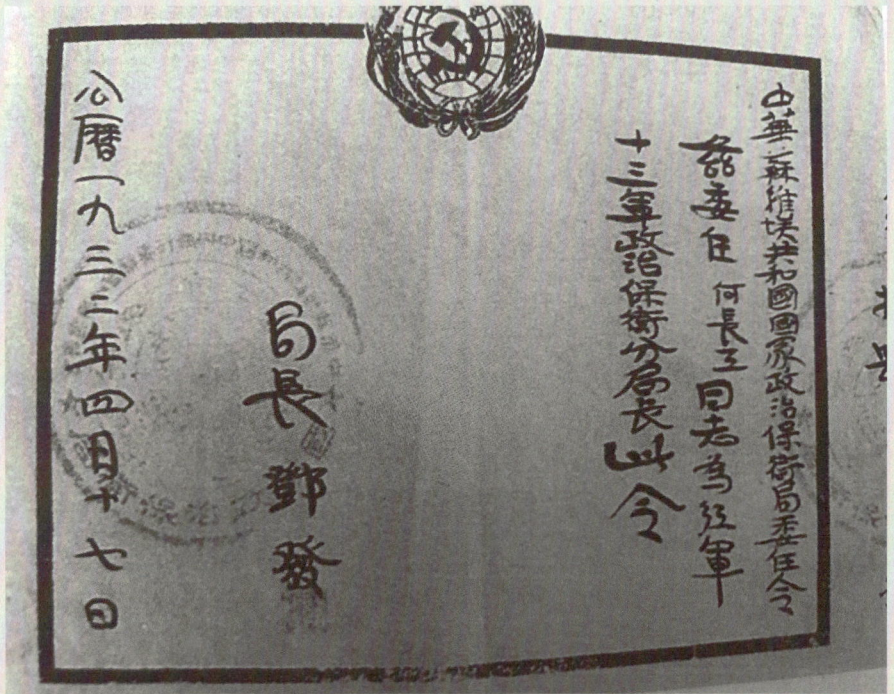

1932年4月17日，邓发为何长工同志颁发的委任令。

讲。邓发在讲课中讲到，要用革命的两手对付反革命的两手，对蒋介石开展两条战线的斗争。一条是两军对垒，叫外线作战，是公开的战场。敌人以"围剿"的方式，用飞机投弹、大炮轰击、机关枪和步枪瞄准射击、投掷手榴弹的战争方式，企图消灭红军。邓发认为，这是用真枪实弹向革命根据地发动进攻，是公开的战争，从一定意义上讲，这并不可怕。虽然中共的军队在武器装备及数量上处于劣势，但进行的是正义的战争，能得到工农劳苦群众的拥护和支持，可利用有利的地形开展游击战争，故已经取得了三次反"围剿"的胜利。而另一条战线，叫做内线作战，就是对蒋介石派遣到苏区的暗探和埋藏在中共内部的奸细作战的问题。俗话讲"外贼易备，家贼难防"，邓发认为做机要工作的干部，就是担负这条内线作战任务的主要力量，教导他们一定要有高度的政治警惕性，因为他们了解与掌握党和红军的核心机密，如果从口里泄漏出去，或者文件保管不当，被敌人听到、盗窃出去了，蒋介石就如获至宝，红军就要打败仗，党和革命事业就可能毁于一旦。邓发讲了顾顺章叛变以及钱壮飞机智果敢的情况。接着他指出，作为主管内线作战的国家政治保卫局和所有做机要工作的干部，除了对党对革命要绝对可靠忠诚以外，还要有严格的组织纪律来约束和保证。为此，邓发明确要求和规定，机要保卫干部对党和红军的机密情报，除了向组织和直接首长报告、负责之外，对任何人，在任何情况下都绝对不许透露，一定要守口如瓶，否则就要受到严厉的

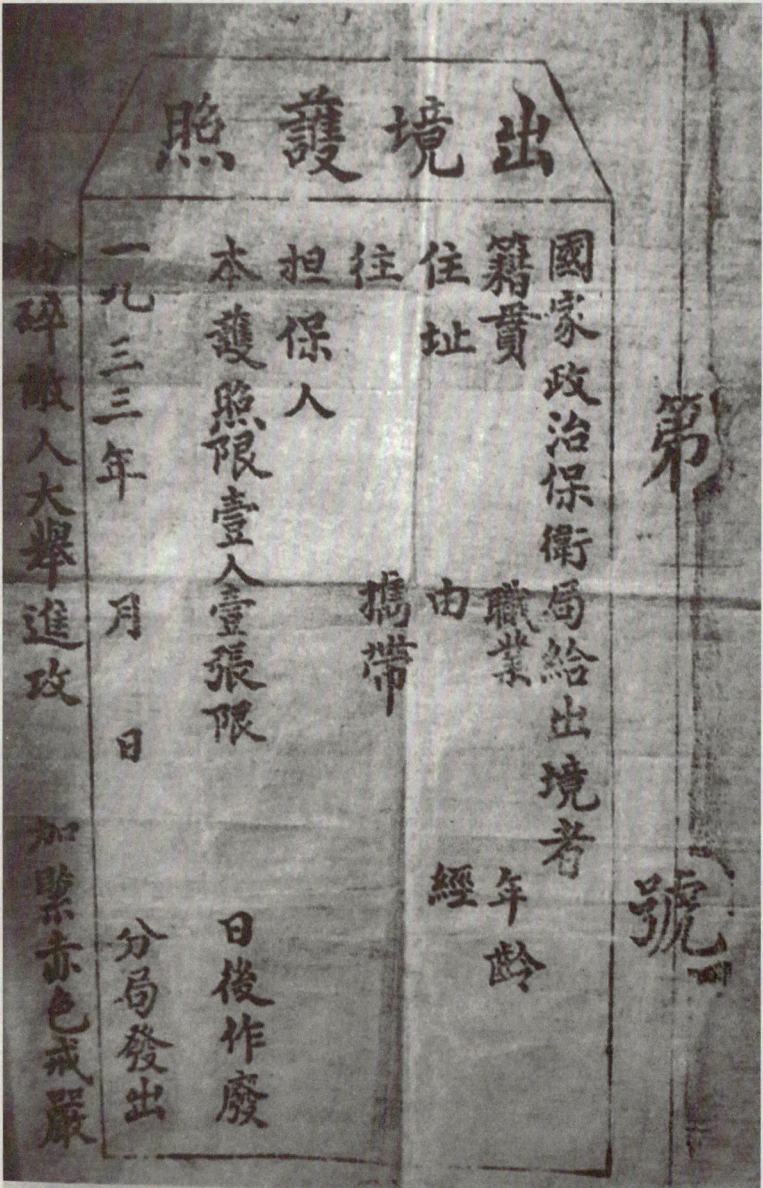

出境護照

第　　號

國家政治保衛局給出境者

籍貫　　職業
住址　　年齡
往　　由　　經
担保人　　攜帶
本護照限壹人壹張限
一九三三年　月　日　日後作廢　分局發出

粉碎敵人大舉進攻　加緊赤色戒嚴

国家政治保卫局开给出境者的出境护照

保卫政权　尽职尽责

惩处。这是铁的纪律，应该坚决遵守。对规定的机要保密内容绝无民主讨论而言，只有严格执行的责任，因为是关系到党和红军生死存亡的问题，以上所有从他这个国家政治保卫局局长做起。

在瑞金叶坪举办的警卫人员培训班上，邓发指出，作为首长身边的警卫人员，必须认真做好三个方面：一是要有保卫首长安全的具体方法。如遇到敌人突然刺杀首长的行动时，应当立即挺身而出，采取防卫措施。二是关照首长的生活，保证首长身体健康。为了保证首长能够正常吃饭，在行军途中，规定警卫人员除了背自己的枪弹和行李外，还要给首长带一个手提饭盒和一袋干粮，这样每个警卫员的负荷要比普通战士增加三分之一。三是严守机密。规定警卫人员对秘密问题，要同机要参谋、作战参谋一样，守口如瓶，不能泄漏。

随着苏维埃运动的开展和红军军事斗争的胜利，国民党及地方反动势力经常派出敌特便衣侦探，潜入新苏区和边区刺探军情、散布反共谣言、书写张贴反动标语，甚至暗杀中共干部。而中共队伍里也确有意志不坚定者被引诱拉拢、传送情报，充当内奸和叛徒。为了同内奸和暗藏的反革命分子作斗争，邓发在中共苏区中央机关报《斗争》上发表文章，指出敌人在苏维埃新区和边区的活动情况和一般特点，并提出为巩固新区政权与秩序，必须要提高警惕、提高识别能力，肃清一切反革命，要加强对广大工农群众的宣传教育，发动群众与反动势力进行斗争。同时抽闲培训干部，选调最坚定积极的干部去新区和边区工作，加强新区和边区的反特防奸力量。要求各级政治保卫部门要协同当地苏维埃政府做好户口调查登记，加强白区交界处检查站，严格检查路条与出境证件等。

邓发在对敌特斗争中练就了许多本领，他那锐利的目光以及简洁坚定的语句，常常让敌人望而生畏。有一次，邓发发着高烧半躺着与保卫局的其他干部审问一名要犯，那犯人因隐藏多年，对内部情况熟悉，庭审过程中百般抵赖。邓发听着不对味，从躺椅上跃起厉声说道："证据确凿，你还想抵赖吗？你看着我的眼睛！你敢说你不是罪人吗？"受审人被邓发的威严审问所吓倒，更被邓发像鹰一样的锐利目光和严厉的声势所震慑，只好低头认罪，一一供述自己所犯的罪行。

1934年1月24日，瑞金召开中华苏维埃第二次全国代表大会，邓发被选为中央执行委员，继续担任国家政治保卫局局长。同期，在党的六届五中全会上，邓发被选为中央政治局候补委员。

二、长征路上

在反对蒋介石组织的对中央根据地的第五次军事"围剿"中，由于战略战术以及指挥上的失误等各方面的原因，导致节节失利，红军和根据地遭到重大损失。1934年10月，被迫实行战略转移，中央红军主力红一方面军和中央军委第

保卫政权　尽职尽责

一、第二纵队以及中央机关8万余人，开始了伟大的长征。

长征开始时，邓发被组织安排在军委第二纵队。军委第二纵队由中央机关、政府机关、军委总供给部、总卫生部、教导师及总工会、青年团、担架队等组成，共一万多人。李维汉任军委第二纵队司令员兼政治委员，邓发任副司令员兼副政治委员，张宗逊任参谋长，邵式平任政治部主任。12月，军委第一、第二纵队合并，称军委纵队，不久又改称中央纵队，邓发任第一梯队司令员兼政委。

在整个长征途中，邓发既要继续完成政治保卫局的工作，又要参与第一梯队的组织指挥，身上的担子和责任重大。他工作认真负责，经常与普通干部一样徒步行军，组织上分配给他的马，遇着急的事才骑，平时多是让给体弱或生病的同志骑。他同警卫人员吃一样的饭菜，从来不搞特殊。行进途中，一有时间就给同志们讲故事，鼓励大家保持一种乐观的、对未来充满希望的革命精神。每到宿营地，邓发忘记自己行军的疲劳，注意巡查部队营地情况、战士伤病情况以及首长的保卫情况。部队宿营特别是进入地形复杂的少数民族地区后，敌特的破坏活动时有发生，放火事件尤其多见。有一天，中央机关在广西壮族地区的龙坪镇宿营。周恩来因一直劳累，当天少有地早点与警卫人员一起休息。午夜12时左右，周恩来住房后面起火，火因风势迅速扩大，周围的警卫战士首先惊醒，周恩来和警卫员从大火和烟雾中冲了出来，才没有受到伤害。住在附近的张闻天、王稼祥等首长

长征时的邓发

前来看望周恩来。当即，邓发和几位首长一起研判起火的原因。周恩来指出，可以肯定这火是敌人放的。万恶的反动派企图用这种卑鄙手段来证实他们那种"共产党杀人放火"的无耻谣言，来挑拨、破坏中国共产党与群众的关系。他坚决指示一定要把放火者查出来，彻底揭露敌人的阴谋！紧接着，邓发召集保卫局干部开会，具体研究部署追查放火者事宜。

邓发连夜与保卫局的干部一起到镇上进行严密搜查，终于查出三个放火人。他们是被国民党收买、派遣设伏的特务、地痞、流氓，专门混到红军宿营地放火搞破坏的。第二天，国家政治保卫局在镇上召开群众大会，说明开会的原因及昨夜营地起火的情况，向群众宣传和讲解共产党的政策和红军的任务，揭露国民党反动派的阴谋和罪行。与会群众除了理解和支持共产党的政策和红军的行动外，强烈要求严惩放火的坏蛋。最后，大会决定枪毙三个放火者。会后，根据周恩来的指示，红军还对被烧损的群众房屋进行了修理和补偿。

1935年1月15—17日，中共中央在遵义召开了政治局扩大会议。参加会议的有政治局委员毛泽东、周恩来、朱德、张闻天、陈云、秦邦宪，政治局候补委员王稼祥、邓发、刘少奇、何凯丰，红军总参谋长刘伯承、总政治部代主任李富春、红一方面军一军团军团长林彪、政治委员聂荣臻，三军团军团长彭德怀、政治委员杨尚昆，五军团政治委员李卓然，另外还有邓小平、伍修权、李德。这次会议结束了王明教条主义错误在中央的统治，实际上确立了毛泽东在中央的领导地位，在极其危险的时刻，挽救了党和红军。邓发参加了遵义会议，用自己的经历和体会，对王明"左"倾教条主义进行了批判，用自己的行动拥护和支持以毛泽东为代表的党中央的正确领导。

遵义会议结束第二天，邓发就到国家政治保卫团，召开连以上干部会议，传达会议精神，要求大家坚决维护以毛泽东为代表的党中央的正确领导。同时告诉大家中央关于继续北上和保卫团整编的决定，把保卫团现有的三个营，分别编入一、三军团，以增加一线部队战斗力。他详细地说明这一决定的意义："从撤出江西中央根据地两个月的许多事情来看，要实现这个战略目标，非采取机动灵活的战术不可。整编能够使机关精干，加强战斗部队，在有利的情况下歼敌制胜；在不利的时候轻装疾进，迅速摆脱敌人。这样才能达到保存红军，打破敌人围追堵截的目的。"邓发的传达和动员，使与会的同志心情欢快，看到了前进的希望，坚定了跟随党中央北上的信心。

第三章

驻疆履职　坚持统战

驻疆履职　坚持统战

1937年，邓发在苏联莫斯科郊外。

　　1935年12月，党中央在陕北瓦窑堡召开政治局扩大会议，提出建立抗日民族统一战线的策略方针，邓发出席了这次会议。1936年6月，邓发奉中央之命前往苏联向共产国际汇报工作。在西安火车站候车准备前往兰州时，邓发遇见了前去延安访问的美国记者埃德加·斯诺。开始，斯诺并没有记起邓发，当邓发自我介绍后，斯诺十分惊奇地说：哦，你就是中央红军特务队的首领，就是国民党悬赏五万元要你的头的著名"共匪",斯诺对此次相遇的情况及感受,在事后所著的《西行漫记》中有较详细地记述。

邓发化装成国民党军官经兰州,到乌鲁木齐,先同苏联驻乌鲁木齐领事馆取得联系,再由领事馆派人陪送他到莫斯科。邓发在莫斯科除了代表中共中央向共产国际汇报和请示工作外(笔者注:因为长征和初到陕北,党中央几乎与共产国际失去联系),还参加了中共驻共产国际代表团的工作。因为他参加过举世闻名的长征,又是中国工人队伍中锻炼成长起来的工人领袖,所以列宁学院等单位请他去讲课,专门讲授"中国工人运动""中国现代革命史""中共党史"等课程。由于是亲身经历,感受颇深,讲课收到很好效果。他把自己讲课和演讲所得的报酬,全部作为党费交给组织。在莫斯科他还遇见了在列宁学院高级班学习的梁广。梁广是与邓发在香港并肩战斗的同事。

1937年9月,邓发奉中央之命由莫斯科回国。到新疆迪化(即乌鲁木齐)时,中共中央指示他留在新疆,接替陈云的工作,担任中国共产党驻新疆代表,并领导八路军驻新疆办事处和西路军总支队(对外称"新兵营")的工作,化名方林。同年12月,邓发被增补为中央政治局委员。

一、宣传党的统战政策

全面抗日战争爆发后,新疆的战略地位显得更为重要,

它是我国仅有的几个不被日本侵略者飞机轰炸的地区之一，
许多国际援华物资和对外联系都要通过新疆。为了把新疆建
成巩固的抗日大后方，也为了保证这条国际交通线和运输线
的通畅，中共很有必要争取与新疆当局建立抗日民族统一战
线。

　　当时新疆的行政长官是盛世才，在全民族抗战以及国际
反法西斯阵线的影响下，盛世才为了保住自己的权力地位，
暂时采取了亲苏容共的政治态度，制定了"反帝、亲苏、民
平、清廉、和平、建设"六大政策。1935年中国共产党发表
《为抗日救国告全体同胞书》，盛世才表面表示拥护；1936年
西安事变时，盛世才在《新疆日报》转载张学良、杨虎城通
电全国的八项主张并表示赞成。1937年春，陈云与盛世才商

1938年，邓发在新疆。

谈有关建立抗日民族统一战线以及有关接应中国工农红军西路军自甘肃进入新疆事宜，并达成协议。4月底，盛世才同意西路军400多名指战员进入新疆。同年9月同意设立八路军驻新疆办事处。

邓发到新疆后，根据中央的要求立即开展卓有成效的工作。

一是宣传和扩大党的统战主张。邓发到任后，很快发现盛世才办的《新疆日报》从栏目内容到编排印刷都很落后，他善意地向盛世才指出，并由盛世才向中共代表主动提出派共产党员帮助整顿和加强新闻工作。经报中央同意，先后派出共产党员到报社工作，其中副社长汪小川、编辑长李啸平，就是应盛世才邀请而由邓发选派的。邓发还根据盛世才的要求，派共产党员去和田、喀什、阿克苏等地担任地方报社社长和编辑。经过共产党人的努力，《新疆日报》和地方主要报刊面目一新，国内外新闻、八路军战况、抗日根据地发展内容，经常处于显著位置。毛泽东的《论持久战》《新民主主义论》也在此连载发表。同时，还发行马恩列斯的著作、进步书刊和中共的《新华日报》。有力地宣传和扩大了党的抗日主张，提高了新疆人民尤其是青年的抗日爱国热情，吸引了内地一大批进步人士和文化艺人前往新疆。当时杜重远、茅盾、张仲实、萨空了、沈志远、涂志、赵丹、叶露茜等人都是因此而去的。

邓发还十分重视"新疆各族民众反帝联合会"的工作。

该会于1934年8月在乌鲁木齐成立，由于组织不健全，活动很少开展，在群众中的影响也不大。邓发了解这个情况后，说服盛世才出面兼会长，派出优秀共产党员黄火青担任秘书长，内设的几个部，大多由共产党员担任部长，这样就使该组织真正成为新疆各族人民反对帝国主义的群众性进步组织。共产党通过该会多次发动和领导了新疆各族人民的献金和募寒衣活动。到1938年9月，全疆共捐献现金24.1亿两（合大洋60余万元），政府用此款购买10架"新疆号"战斗机送往抗日前线；各族人民还募捐了几万件皮大衣和药材运往延安。

　　二是安排一些共产党员到政府部门工作。盛世才执政新疆几年，财政状况一直不好，且对收支不平衡、物价高涨等问题束手无策。他见邓发热心新疆工作，便向邓发求助。邓发认为这是一个很好的机会，新疆财政状况的整顿与好转，对共产党及统一战线工作有很大帮助。正在邓发为人选的事着急时，毛泽民从延安去莫斯科路经新疆，邓发将想法告诉毛泽民，后报中央同意，派毛泽民到新疆财政厅任厅长。盛世才出具任命书时，毛泽民化名周彬。毛泽民经调查研究后，第一步整顿财经，第二步改革币制。经过一年多的整顿，全疆出现了收支基本平衡，物价趋于稳定，生产得以发展，人民生活得到改善的新局面，受到新疆各族人民的欢迎和拥护。另外还有20多名共产党员在新疆各厅、处和边防哨所担任职务。

三是审慎对待盛世才。盛世才虽然愿意与中共合作，也要求中共派干部到新疆帮助工作，但很大程度是因为抗战形势和新疆的状况，从他内心是惧怕和不情愿看到共产党在新疆扩大影响。因而对中共在新疆的工作加以种种限制，向共产党提出不宣传马列主义，不发展共产党组织，共产党员不公开自己的党员身份的要求，并在背后搞了许多防范措施。他派出一大批特务监视共产党员和进步人士的活动。他派到八路军驻新疆办事处的副官就是特务。1939年夏季一天，这个副官趁我方人员不在，偷开机要室的柜子，幸亏发现及时，才避免机密被窃。邓发专门就此事与盛世才协商。后来盛世才向邓发赔礼道歉，将此人调走并承诺严肃处理。邓发告诉办事处同志"归根结底，这小子（指盛世才）是军阀，要小心！"盛世才曾提出过想加入中国共产党，邓发将此情况报告中央，并指出他离党员的标准相差太远，不能答应和批准。

盛世才曾在一次宴请从延安进疆的中共人员时表示，新疆是个封建色彩十分浓厚的地方，不能把延安的办法用到新疆。如有人把延安那一套搬到新疆来，他就请示毛主席撤换。邓发针对盛世才的说法和做法，教导我们的同志，说盛不让宣传马列主义，我们就用马列主义精神宣传六大政策，也等于宣传马列主义。他不让发展组织，我们就用马列主义教育群众，为发展组织作好思想准备。邓发要求我们的同志，既要运用政策利用好盛世才，又要认清他的本质，不能过分地相信和依赖他。

盛世才因为怕中共采取一些文化形式（如唱抗日歌曲）争夺青年，便派他老婆带一批人到新疆督办公署学歌，他要求邓发派干部去当文化教员，教他们唱歌。邓发指派一名叫李广的干部去。李广表示不懂乐理，也不会作曲，只会唱歌。邓发便告诉李广，不讲乐理，不讲乐谱，只讲歌词的历史背景。李广于是按照邓发的要求，换上战士制服，坐上盛世才派来的小汽车去督办公署教唱歌。这件事后来影响很大，群众中纷纷传说"老八"（邓发）有人才，连战士都被督办公署请去当教官了。

二、做好友军工作

在全面抗战，各界力量组成抗日民族统一战线的时期，我们曾称盛世才的部队为友军。而做好友军的统战工作，则是共产党驻疆代表的一项重要任务。邓发多次建议并经盛世才邀请，先后派出10多名同志到南疆喀喇昆仑山一带部队，派胡鉴到帕米尔高原的蒲犁县担任边防大队长，派周纯麟、曾玉良和赵海丰到骑兵团工作。

盛世才的骑兵部队在南疆，那里因刚平叛比较乱，盛世才希望能派共产党员去做稳定部队的工作。对此，邓发不仅亲自选定人员，而且亲自找人谈话，交代任务和具体方法。当时选定的人员是周纯麟、曾玉良和赵海丰。邓发找他们谈

八路军驻新疆办事处旧址

话，首先指明他们此次到友军工作，是党组织的安排，是统战的需要。邓发看他们几人有顾虑，就把自己掌握的盛世才部队的情况告诉他们。如喀什地区刚刚平叛不久，群众的情绪还不稳定；盛世才的部队在平叛中，把俘虏都枪毙了，老百姓很害怕，也很不满意；这个骑兵部队原是驻省城的教导团，完成平叛任务后留驻，扩编为两个骑兵团，官兵思想不是十分稳定。邓发鼓励他们要打消顾虑，坚定信心：一是要服从命令听指挥；二是认清形势，有克服困难的勇气，再困难，也比爬雪山、过草地要好；三是要多学习，尽快进入角色，只要好好学习，本领是能学到的，困难也是一定能克服的。

　　对如何能尽快熟悉情况开展工作，邓发讲了自己的想法，提醒他们必须注意几件事情：一是要保持红军的优良传统，要艰苦朴素，不要被旧军队软化了，被别人改造了。二是要做好军官和士兵的工作，不要打人骂人，对士兵要用红军的友好感情去感化他们，教育他们。他们的军官都有家属，有的士兵也结婚了或者要求结婚，可以在物质上、经济上和生活上照顾他们一些。三是要多讲抗日道理，盛世才这两个团的士兵和军官中，有不少是从东北来的，是东北抗日联军失败后经过中原到苏联再转到新疆，对他们多讲抗日道理是能给他们很大启发的。四是要和地方群众搞好关系，那里大部分都是少数民族，要尊重少数民族的风俗习惯，努力学习一些少数民族的语言，做团结少数民族的模范。

　　邓发还特别叮嘱他们，这次是秘密工作，要随时防止敌人搞事。告诫他们，虽然他们过去在革命队伍里拿着枪杆子公开与敌人作斗争有经验，但对秘密工作就缺乏经验，一定要尽快适应环境。周纯麟和曾玉良在一个团里，要多商量、多研究，互相帮助，互相促进。赵海丰是单独前往，工作就更加艰巨。邓发要他们记住自己是共产党员的身份，是红军战士，肩上担负着党的重任，要为党多做工作，为抗日多做贡献。

三、组建航空队

中国共产党人开始系统接触航空事业是在新疆，中共领导的第一支航空队也建在新疆。1937年冬陈云倡导建航空队，后经党中央同意，中共的第一支航空队于1938年1月，在邓发的精心组织下，在新疆迪化航空学校组建。

新疆迪化航空学校是由苏军援建的。陈云曾向盛世才提出帮助培训航空人才，邓发接任陈云工作后便加紧落实。首先，邓发尊重陈云提出的意见：第一支航空队的人员要有代表性，要让一、二、四方面军都有代表学航空。经过邓发与有关部门的精心挑选，共定下43人，其中一方面军16人，二方面军2人，四方面军25人。

在筹建过程中，遇到的第一个棘手问题，就是文化考试关。如果按当时《新疆日报》登载的招考中学毕业生入航校学习的条件，邓发他们挑选的同志在文化考核上没有一个人合格，大多只念过一二年书，学历最高的也只是小学毕业。

为使他们选调的同志能顺利入校，邓发亲自去找盛世才和航空队的苏联总教官尤吉耶夫，做耐心的解释说服工作。他坦白说明此次选调来学航空的干部，都是从小参加红军的干部、共产党员，没读过多少书，如按规定条件考核，都很难考上。因此，请求对这些入校者免于文化考试。至于身体素质考核，可照常进行，按条件录取。航空队苏联总教官看中共代表邓发亲自登门说明情由，又见43名被挑选出来的人个个身体素质过关，也就点头同意，表示最后由盛督办定夺。盛世才见苏联总教官都答应了，也就做个顺水人情，答应免于文化考试。

　　1938年2月下旬，邓发参加了学员们正式进入航空队前的党支部会议，他对大家说："你们是我党第一支航空技术队伍，身上肩负着未来建设人民空军的重任，要时刻记住这一条，千万不能辜负了党对你们寄予的希望！"他叮嘱同志们，在统战同盟者的航空队里学习，环境是很复杂的，困难

共产党派到新疆航空队机械班学习的学员与老师合影

在八路军驻新疆办事处，邓发与夫人陈慧清、苏仪（左）留影。

是不会少的，对此，大家要有足够的思想准备。入校后，一定要严守我党我军的纪律，要严格要求自己，一言一行都要注意内外有别。尤其要他们记住，他们学习的好孬，关系到我党我军的声誉，一定要刻苦钻研技术，争取优异的成绩，让别人瞧瞧，共产党人都是好样的。邓发代表党组织宣布43名进入航空队人员的安排：25人学飞行，吕黎平为航空飞行班班长；18人学航空机械，严振刚为航空机械班班长。两班共同组成一个党支部，分成6个党小组，并提议吕黎平为第一任党支部书记，严振刚、方子翼、方槐、朱火华、陈熙、金生6名同志为第一任支部委员。

　　大家一致同意邓发的提议并举手通过。最后，邓发提出三点明确要求：一是领导关系问题。航空队党支部由党中央驻新疆代表直接领导，不同别的党组织发生关系。二是盛世才不准许在他的军队里有党派组织，因而中共党支部的所有活动都要严格予以保密。三是不公开个人身份。每个同志进航空队都改成化名，互相间一律称呼化名。若盛世才部队有人问是不是红军和共产党员，回答的口径要一致，就说是从新兵营来的，有不清楚的可以问盛督办。

　　43名同志进入航空队后，严格按照邓发的指示和要求去做，分工及任务明确。大家团结一致，克服了文化程度低等困难，刻苦认真，每天坚持在教室学习10个小时。同时适应了新等级待遇，入校前43人都是连、营、团红军干部，入校后飞行学员按上士待遇、机械学员按中士待遇。虽然待遇有

在新疆，邓发从车上出来。

所改变，但没有一个人发牢骚、当逃兵，都经受住了各种考验，以优良的成绩交出了满意的答卷。

邓发在直接领导航空队一年多的时间里，他不管工作多忙，都安排时间听取支部工作汇报，亲自参加支部大会，及时传达党中央的路线方针政策，及时介绍抗日战争的形势，时刻关心大家的学习与生活，帮助大家解决遇到的困难与问题，同大家建立了深厚的友谊。1939年夏，邓发因车祸受重伤，大家都很难过，几次派代表前去探望慰问，祝他早日康复。当党中央决定调邓发回延安党中央机关工作时，航空队全体同志个个都想前往感谢与道别，但因航空学校有规定，无法多人请假外出，只好委托支部代表，向邓发转达依依不舍的敬意，表示一定牢记党的教导和邓发的叮嘱，刻苦努力学习，掌握航空技术，为建设我党领导的人民空军打基础、作贡献。临离开新疆时，邓发接见了吕黎平和严振刚，首先对航空队员的学习和生活表现表示满意，希望他们坚定信念，战胜前进道路上的一切障碍，圆满完成任务。同时，答应把航空队的情况向党中央汇报，他希望队员们学成后一定要回延安，他一定在延安欢迎大家归来，并热盼早日看到学有所成的飞行员驾驶战鹰在解放区的蓝天上展翅飞翔。

第四章

身居要职　躬身为民

身居要职　躬身为民

邓发在延安

1939年秋，邓发奉中共中央之令，结束两年整的驻疆工作，回到延安。

一、在中央重要岗位上

邓发回到延安不久，便被中共中央委任为中央党校校长。1940年初，邓发又兼任中共中央职工运动委员会书记。在此段时间，他忠于职守，兢兢业业，认真负责，无论是教学工作、

延安中央党校大礼堂旧址

政治思想工作，还是制定职工教育、劳动政策，他都尽心尽责，让党中央满意，让学员满意，让职工满意。同时，他还在党校讲授《党的建设》课程，他的讲课深入浅出，材料丰富，理论与实际相结合，生动形象，很受学员欢迎。他还在党校职工班讲授《抗战中的职工运动》课程和《战后敌后工业与工人运动的变动》课题。

邓发经常找党内同志谈心，指出一些知识分子瞧不起工农干部、自命清高等毛病和做法，并用自己的经历，教育有此类毛病的同志。他说，在中央苏区时，他曾找一个有知识的同志讨教数学方面的问题，开始那人不大爱搭理他，并对别人说，一个工人干部学什么数学，心中是不相信他们能学数学的。后来邓发多次上门求教，这个人终于被他感化了。邓发针对延安的情况指出，抗日战争时期，有大批知识分子响应党的号召，来到延安和各抗日根据地，这是一笔很大的财富，我党应该爱护他们，发挥他们的作用。虽然有些人会有各种毛病，与工农干部、红军干部不团结，但在党的教育下，革命大熔炉里火热的革命热情和阶级情谊，一定可以帮他们克服毛病。他认为，只要自身努力克服轻视实际和自高自大的毛病，在中国的革命事业中，一定能发挥重要的作用。

邓发在中央党校时，还有一个习惯，就是闲不住。白天忙工作、忙教学，晚上还要进学生宿舍、去伙房找炊事员。他与教学人员谈如何上好课，与学员们谈如何掌握理论知识，与后勤人员谈如何搞好生活供给。由于他的深入细致，党校发生的大小事情，没有他不知道的，这使许多同志感到惊诧。一个党的中央领导，连"小鬼"吵架这样的事他也知道。所以，党校上上下下，都把他当作自己最亲切的师长和知心朋友。邓发参与的会议多，到一线解决问题用的时间也多，许多人都很敬重他、很心疼他，想办法让他多休息。有几次教务人员见他忙完会议，还要赶回党校上课，想把他的讲课时间改动一下，他都不肯。他说，在学校，教学计划、课程表一经制定，那就是命令，必须执行，不能因为个人而耽误了几百名学员的学习。

为加强职工的教育，引导职工积极完成新民主主义任务，邓发主持创办《中国工人》月刊。1940年1月，邓发和职工运动委员会副书记张浩，发起成立《中国工人》刊物筹备委员会，组成以邓发、张浩、赵平、陈希文为主的编辑委员会，确定该刊的任务就是：宣扬中国工人参加抗战救国工作的成绩，提供全国职工运动的意见，介绍职工运动理论与工作经验，报道各地工会活动与工人生活状况等。2月，在纪念"二七"大罢工十七周年时，《中国工人》正式出刊，毛泽东为刊物写了《〈中国工人〉发刊词》，祝贺和盛赞该刊的创刊，指出《中国工人》应该成为教育工人、训练工人干部的学校。邓发为创刊号题词："中国工人阶级只有在中国共产党领导之下，一致团结起来，才能完成其在民族解放与社会解放底先锋任务。"

中國工人階級只有在
國共產党領導之下一致
團結起来才能完成当
在民族解放些社會解
放底先鋒作務。

邓发

邓发为《中国工人》创刊号题词

邓发在领导《中国工人》的编辑发行过程中，劳心劳力。与他一起工作过的同志都被他的细心所感动，都由衷地敬佩这位从工人罢工队伍中成长起来的党的领袖。有同志称赞邓发特别注重稿件的政治意义，称他反对夸夸其谈、现象罗列；称邓发主张真实朴素，每一个字句都要说明问题，每发表一篇文章，皆反复斟酌，起码有五次以上的修改，并虚心地征求部下其他同志们的意见，态度认真，把群众当作老师。邓发这种学而不厌、诲人不倦的精神，正是教育党内同志对工人阶级事业应尽责任到底的一种基本态度。就连曾经当过大型日报主笔的陈希文，也为邓发的执着专注和严格要求所感动，他曾经说："邓发同志不仅是我理想上的导师，而且是我生平最好的一位国文教员！"只有小学文化的邓发，在学识上有如此的进步和造诣，能受到陈希文等受过高等教育的人称赞和钦佩，是与他在革命征程中有超常的毅力和非凡的刻苦分不开的。他自己曾讲："只凭自己的历史在革命队伍里混，而不学习，就会做时代的尾巴，只凭自己的忠实可靠并不能代替工作，多学一点东西才能使自己在革命事业上多做一点事。"在香港、在苏区，他就养成了学习读书的习惯，而且学习英语；在新疆两年，他坚持每天花一个小时学习俄语，坚持用一个小时学习革命理论。正是由于他的坚持不懈，因此他才能做到数十年如一日，才能胜任和完成组织交给的任务。

在邓发的主持与领导下，《中国工人》成为党中央倾听

身居要职　躬身为民

工人呼声和指导职工运动的重要阵地和桥梁，成为团结、教育工人和统一中国工人运动的主要阵地和工具。

1940年5月1日，邓发参加在延安举行的纪念"五一"国际劳动节大会，以中共中央职工运动委员会书记的身份作演讲，他从世界工运谈到中国工人阶级的斗争，讲到工人阶级与中国的抗战，指出自全面抗战爆发以来，中国工人阶级为了抗战，积极生产，英勇奋斗，在前线流血，在后方流汗，为国家和民族作出了重大贡献。

邓发勤奋好学，善于总结，在延安办刊期间，他在《中国工人》《新中华报》《解放日报》《群众周刊》等报刊上，先后发表《坚持团结才能争取最后胜利》《论抗日根据地职工会的基本任务》《纪念"二七"与中国职工运动的任务》《发挥"二七"精神反对反共投降亲日派》《处在严重困难的关头——纪念抗战三周年》《纪念今年国际青年节》《中国妇女职工及其活动状况》《中国工人与宪政》《迎接伟大的"五一"国际劳动节》等文章和演讲词。在他的文章和演讲中，立场坚定，观点鲜明，既有深刻分析抗战形势的，又有阐明党的抗战方针的；既有强调坚持团结抗日的，又有反对妥协亲日的；既有颂扬民族抗日精神的，又有批驳反共投降的；还有阐明职工运动重要性和争取抗战必胜信心的。他在《处在严重困难的关头——纪念抗战三周年》一文中明确指出，为要继续坚持长期抗战，必须采取的克服困难的办法是：发扬坚持全国团结、万众一心的精神；提高民族自尊心；提高民族自信力；提高民族警惕性；实行民主和必要的可能的改良民生，彻底改善兵役制度；实行自力更生厉行节约运动；提高军队战斗力和坚定战斗决心。

延安整风开始后，为了党的高级干部集中学习的需要，根据中共中央的决定，党校进行了改组，毛泽东亲自担任党校校长，邓发任副校长。1942年2月，毛泽东在中央党校开学典礼大会上，作了《整顿党的作风》的重要报告，邓发在大会上报告了教育计划、学习方法与要求。在中央党校的整风过程中，邓发认真地贯彻落实党中央的部署和毛泽东的指示，结合自己的工作和经历，深刻地讲述理论与实际、工农分子与知识分子结合的必要。他表明，过去他虽然做过一些工作，但对于理论的学习，如果没有革命的知识分子，把马列主义书籍翻译过来，他就不可能有今天的了解程度。而革命的知识分子，仅有理论上的知识，却不吸收工农分子的经验，那么，也将是一个教条主义者。要使革命理论、书本知识，为我所用，离不开实践、离不开工农，因此，必须十分重视两个结合，努力做好两个结合。

1943—1945年，邓发又被任命兼任中共中央民运工作委员会书记，代表党中央领导工、青、妇各部门工作。他对妇女和青年工作非常关心，经常参加活动。他发表《中国妇女职工及其活动状况》，赞誉中国女工是中国工人阶级的一部分，在斗争中有不可轻视的力量，妇女运动工作者应注意致

1943年，邓发兼任中共中央职工运动委员会书记和民运工作委员会书记时留影。

力于女工运动。他在延安市南北区机关举行的纪念"三八"妇女节集会上讲话，要求妇女干部要走出机关，参加生产，增加本领，特别是要学会管理国家的本领。他还专门针对国民党独裁统治，无故扼杀青年运动，残害青年的罪恶行径，发表《谁爱护青年，谁戕害青年》一文。在邓发的领导与倡议下，1945年筹备建立解放区统一的青年及妇女组织。

二、抗日根据地职工会

随着抗日根据地的不断扩大和发展，根据地的工人在中国共产党的领导和帮助下，普遍地组织起来，各根据地的职工会就是工人阶级在敌后坚持抗战的坚强堡垒。如何做好根据地的职工会工作，如何发挥敌后工人的作用，是一个新的问题。党中央让邓发担任中共中央职工运动委员会书记，负责领导和组织抗日根据地职工会工作，正是发挥邓发熟悉工人、有丰富的领导工人运动的长处。邓发没有辜负党中央的期望，不仅明确了职工会的基本任务，而且制定了正确的劳动政策。

抗日民族统一战线建立以后，抗日根据地的职工运动应该怎么搞，中共没有经验。完全按以往城市职工运动的做法，肯定不行。邓发结合抗战及抗日根据地的特点，根据中共中央对抗日根据地发展的要求，首先明确，抗日根据地的职工会应贯彻以生产为中心的方针。邓发在担任中共中央职工运动委员会书记后，认真总结抗日根据地职工会的工作经验，根据党的任务和抗战形势的发展，在《论抗战中的民生问题》《论抗日根据地职工会的基本任务》《中国工人阶级当前的任务》等文章中，深刻论述了抗战、生产、生活的关系，明确指出，在当前的形势下，职工会的重要任务：是广泛动员工人武装参战，动员工人到军队和游击队去，巩固和扩大抗日力量；是调动工人的积极性，提高劳动生产率，积极生产支援抗战；是努力参加根据地的一切经济工作，发挥主力军作用；是巩固和扩大工会组织，在自愿原则下吸收更多的工人加入职工会；注重职工的教育，并把它作为重要的任务；加强职工会的自身建设；坚持用马列主义原则教育工人群众，使之真正认识到解放工人阶级的必要与道路，充分认识工人阶级利益与民族利益的一致性；加强对工人的文化教育，提高掌握科学与技术的能力，逐步消灭文盲。

邓发明确指出，发展根据地的生产，必须调动工人的积极性；而如何提高劳动生产率，与劳动政策密切相关。1940年，他专门作了《新民主主义政权下的劳动政策及工会工作方向》的报告，并撰写发表了《论抗日根据地的劳动政策》文章，指出抗日根据地在贯彻执行党的劳动政策中存在的"左"的错误，提出了在抗日民族统一战线形势下新民主主义国家形式的劳动政策：第一，党的劳动政策，应该是从政治、经济、文化各方面提高工人阶级的地位，关怀工人日常生活待遇，以及劳动条件的改善，使他们能够积极参加抗日根据地的政权、经济等方面的建设；同时应该照顾到统一战线中各阶级的利益，以便团结各阶级与阶层共同抗日，孤立日军、汉奸。第二，必须根据当时当地的生活水准，根据需要与可能性，提高工人待遇，改善工人生活。第三，工资的增加，工人待遇的改善和工时的规定，必须以发展根据地工商农业，增加生产，适合战时需要为出发点，应使劳动政策适合于坚持长期抗战的方针。第四，必须建立并巩固工人和抗日民主政府及其军队的血肉联系。

经过邓发的组织指挥和各级职工会的努力，在党中央的关心和支持下，以生产为中心的职工会工作方针逐步形成，并为广大工会干部和工人群众所明确与执行。1941年4月，陕甘宁边区总工会召开第四次执行委员会扩大会议，邓发代表中央执委出席会议并讲话，明确"领导工人努力生产，成为第一等重要的实际巩固边区的工作"。

在对全国不同类别和不同区域的工人阶级队伍状况、职工运动状况以及成败经验与教训的调查分析后，为制定一个统一的工人阶级总的指导性意见，1941年，邓发在延安中央党校职工班讲授《抗战中的职工运动》课程时，设置《战后敌后工业与工人的变动》专题，并在同期与李颉伯合作发表了《抗战三年来的华北职工运动》，对不同区域的职工运动状况进行了分析，阐明了现阶段不同区域职工运动的基本方针、主要任务、具体策略措施等。

邓发通过几年来领导中央职工委的工作，有了丰富的经历和深刻的体会。他在1944年延安召开的厂长职工代表大会上，总结了民主管理工厂与新民主主义政权形式下职工运动的基本经验：抗日根据地民主政权下的工厂管理，与任何资产阶级的工厂管理是有本质区别的，也就是说，它不是依靠资本势力对工人的压制与盘剥，而是主要依靠群众，让工人作工厂的主人；工厂的管理者，不是站在职工之上，压迫群众、漠视群众痛痒的"官僚"，而是站在全体职工之中，爱护职工，为职工群众服务的勤务；必须反对职工运动中的行会主义和经济主义；职工会应该成为民主政权的有力支柱，维持劳动纪律，调动职工的劳动热忱，为职工的日常文化生活与经济生活兴利除弊；积极从工人利益出发，协助工厂行政，共同为产量高、质量好、成本低的目标而出力；必须加强职工的阶级教育，以提高工人的政治水平；民主政府中的一切工程、机械等技术人员，应将自己的技术智能与职工的实际经验相结合；一切有技术的工人，也应该毫不保留地付出自己的技术，发扬阶级互助精神，教给学徒，同时应虚心地向工程师等技术人员学习，以掌握技术，提高生产效率，成为工业建设上群众运动中的重要内容；必须加强工人的文化技术教育，开展经常性的文化普及和技术技能竞赛，不断提高工人的文化技术水平；必须克服工厂中党、政、工"三权鼎立"的对立现象，加强党的一元化领导，处理好党、政、工三者的关系，共同为抗日根据地的工业建设与发展而努力。

对于邓发的辛勤劳作以及所取得的成效，党中央是充分肯定和认可的。在邓发身边工作的同志，常常被邓发的忘我精神和严谨作风所感动。在他们的记忆里，邓发不像个中央首长，工作一忙起来，几乎是整夜不眠，白天谈话、调查，夜晚开会与研究材料。对提交上去的调查材料和演讲稿等，工作人员自以为很完备，但难逃过邓发对数据和事例的细致考证与调查，有时也因此会受到邓发严肃的批评。邓发还经常翻出自己随身的笔记本，向身边以及一起工作的同志讲解什么叫情况，什么叫政策，如何由情况出政策，政策如何与群众血肉相连等等。工作的同志看到邓发那事无巨细的亲笔记录，不禁感到惭愧。

1944年5月，邓发出席中共西北局、陕甘宁边区政府联合在延安召开的技术人员座谈会。他在会上代表中央讲话，号召一切工业技术人员回到工业战线上来，努力为发展边区的工业建设，发挥聪明才智，贡献技术能力。

三、赵占魁运动

在抗日民主政权与革命军队积极开辟敌后战场、顶住国民党顽固派军事摩擦的同时，根据地也进入了经济上和财政上严重困难的时期。如何在坚持抗战、坚持统一战线的前提下，发展生产，自己动手，解决经济上和财政上的困难？党中央制定了许多政策，发动民众，进行了许多切实而有成效的行动。毛泽东提出了"发展经济，保障供给"的总方针，号召和推行"自己动手，丰衣足食"，在各抗日根据地掀起军民大生产运动。邓发紧跟党中央的战略部署，为努力争取边区工业品的自给，领导和推进了一场工业建设的群众运动。

为了使边区工业建设的群众运动更大规模更深入地开展下去，邓发与中央职工运动委员会的干部，深入工厂车间，与一线的工人和干部同吃同住，一起研究发展生产的办法，组织各种形式的劳动竞赛活动。邓发主抓了农具厂和印刷厂这两个典型，特别是在调查处理农具厂工人停产罢工事件的过程中，他依靠群众既挖出了煽动工人罢工的坏人，又发现了坚持生产的模范工人赵占魁。赵占魁是农具厂翻砂车间的

身居要职　躬身为民

工人，翻砂作业又苦又累，特别是作为炼炉工人的赵占魁，数年如一日，辛勤劳作，从进厂一直在高温的炼炉房埋头苦干。他不仅在车间是生产模范，而且被工人们推选为工会委员、伙食委员。他大公无私，爱厂如家，深得工人们的拥戴。邓发认为在生产竞赛活动中，应该有身边的工人典型和榜样。他亲自找赵占魁谈话，认真总结赵占魁的事迹和经验。经党中央同意，先在两个驻点工厂宣传，然后再向边区及各敌后抗日根据地推广。在两个单位试点取得实效之后，1942年9月7—14日，在一个星期的时间里，《解放日报》连续发表《人们在谈论着赵占魁》《农具工厂号召学习模范工人赵占魁》《赵占魁同志》的报道和《向模范工人赵占魁学习》的社论。邓发先后发表了《响应生产号召，开展赵占魁运动》《在公营工厂如何开展赵占魁运动》等文章。明确指出："这一运动的中心要求是提高产量和质量，减低成本"；"更多的生产军需品及日用必需品，其目的是为克服抗战困难和减轻各根据地人民的负担，同时为了打击敌人对根据地的封锁，达到自给自足的目的"。10月，陕甘宁边区总工会向全区各工厂发出开展向赵占魁学习的通知。陕甘宁边区总工会还根据赵占魁的工作精神，提出了争当赵占魁式模范工人的七条标准。

　　为了使赵占魁运动更好地开展起来，邓发进行了很多有效和深入的组织活动。他召开边区工厂负责人会议，讲解运动的性质、意义和任务；并从边区职工会挑选得力的干部，深入各地工厂帮助指导和推动赵占魁运动。他还具体指导

延安人民为"边区公民模范"庆功送匾

身居要职　躬身为民

农具厂和印刷厂开展这一运动。12月，毛泽东在西北局召开的陕甘宁边区高干会上，对在边区开展的赵占魁运动予以肯定，明确指出："应改善职工会的工作，发展赵占魁运动于各厂。"

在陕甘宁边区开展赵占魁运动的带动下，晋冀鲁豫抗日根据地开展了甄荣典运动，晋绥抗日根据地开展了张秋风运动。赵占魁运动的影响和效应，很快普及各敌后抗日根据地。各根据地生产水平普遍提高，有效地克服了由于重重封锁造成的各种困难，从经济上和财政上支持着根据地的发展和抗日民族救亡运动。1943年11月26日至12月16日，陕甘宁边区召开第一届劳动英雄代表大会，有1004人报名参加会议期间举办的赵占魁劳动竞赛，厂与厂、车间与车间、工种与工种、个人与个人展开现场竞赛，有力地提高了劳动技能和劳动生产率。1943年陕甘宁边区各工厂的生产能力平均提高30%~50%，个别工厂达到150%。赵占魁所在的农具厂生产能力提高了100%。在运动中，各级职工会得到进一步的充实完善，边区的工业生产和职工运动出现了崭新面貌。

赵占魁运动以及其所产生的影响，一直到新中国的成立。在赵占魁运动中涌现的生产模范以及在劳动竞赛中产生的技术能手，不仅在当时成为生产的骨干，有些甚至成为新中国成立初期工业生产的带头人。邓发本人，因其担任的职务和对职工会的领导，以及组织赵占魁运动取得的成效，而被誉为不仅是中国职工运动的领袖之一，还是一个优秀的工业建设的领导者、国内外知名的工会活动家。

国际舞台　彰显风采

国际舞台　彰显风采

第二次世界大战即将结束之时，美、英、法、苏等国在伦敦召开反法西斯职工联合会议，与会各国一致同意，战争结束后召开世界职工代表大会，把世界各国的工会组织都吸收进来，从而扩大世界反法西斯阵线和力量。世界职工代表大会筹委会决定，大会于1945年9月在法国巴黎召开，要求各国派出统一的工会组织代表参加。

一、解放区工会唯一代表

在当时的中国，存在"两个尚未统一"：一是各解放区共有80多万职工，但尚未有一个统一的解放区职工联合会；二是解放区与国统区也没有一个统一的全国职工联合会。而国统区已有以朱学范为理事长的中国劳动协会，与国际组织有联系交往的，也只有中国劳动协会。为扩大中国解放区的影响，为争取80万职工的地位，也为中国有一个统一的工会组织，所以，当下应该尽快成立中国解放区职工联合会，然后与中国劳动协会联合，形成中国职工的大统一、大联盟。

1945年，邓发在延安。

1945年2月，陕甘宁边区总工会发起，组织开展成立中国解放区职工联合会筹备委员会。倡议发出后，很快得到各解放区工会的拥护。4月22日，各解放区工会代表会议在延安召开，会议同意成立中国解放区职工联合会，推举邓发为筹备委员会主任。经党中央批准，尽快与朱学范领导的中国劳动协会联系，派遣中国解放区职工联合会代表参加世界职工大会。

党的七大结束后不久，邓发以中国解放区职工联合会筹委会主任的名义，分别给中国劳动协会朱学范、世界职工大会筹备会发出电文。

国际舞台　彰显风采

　　邓发致中国劳动协会朱学范的电文说："今年2月6日在伦敦召开之世界职工代表大会，赖先生之助，曾允许中国解放区职工会得派自己代表前往出席该会，远道闻之，无任欣慰……现世界职工大会又将于今年9月在巴黎集会，中国解放区职工联合会筹备会决定派遣自己的代表董必武、陈郁、邓发、章汉夫四人出席参加，并愿意与中国劳动协会代表合作。"

　　邓发致世界职工大会筹备会的电文讲到："今年2月6日在伦敦召开之世界职工代表大会，曾蒙允许中国解放区八十万职工派遣自己的代表出席大会，远道闻之，至为兴奋……现中国解放区八十万职工正在筹备成立自己的职工联合会，以便加强和统一中国各解放区抗日民主的职工运动。我们欣闻贵会将于今年9月在巴黎召开世界职工大会。我们衷心地拥护此种国际团结的大会，并决定派遣自己的代表董必武、陈郁、邓发、章汉夫四人前往参加。"

　　同年8月底，朱学范接到世界职工大会筹备会的通知，要求中国劳协派一个代表团出席在巴黎召开的世界职工大会。朱学范知道周恩来陪同毛泽东正在重庆同国民党谈判，便去了重庆八路军办事处告知此事，王若飞出面接待，并同意将此情况尽快告诉周恩来。

　　周恩来非常重视，同意派解放区工会代表，与中国劳动协会代表一起出席巴黎世界职工大会。9月9日，周恩来亲自写信给朱学范："……兹因边区及中国各解放区职工联合会

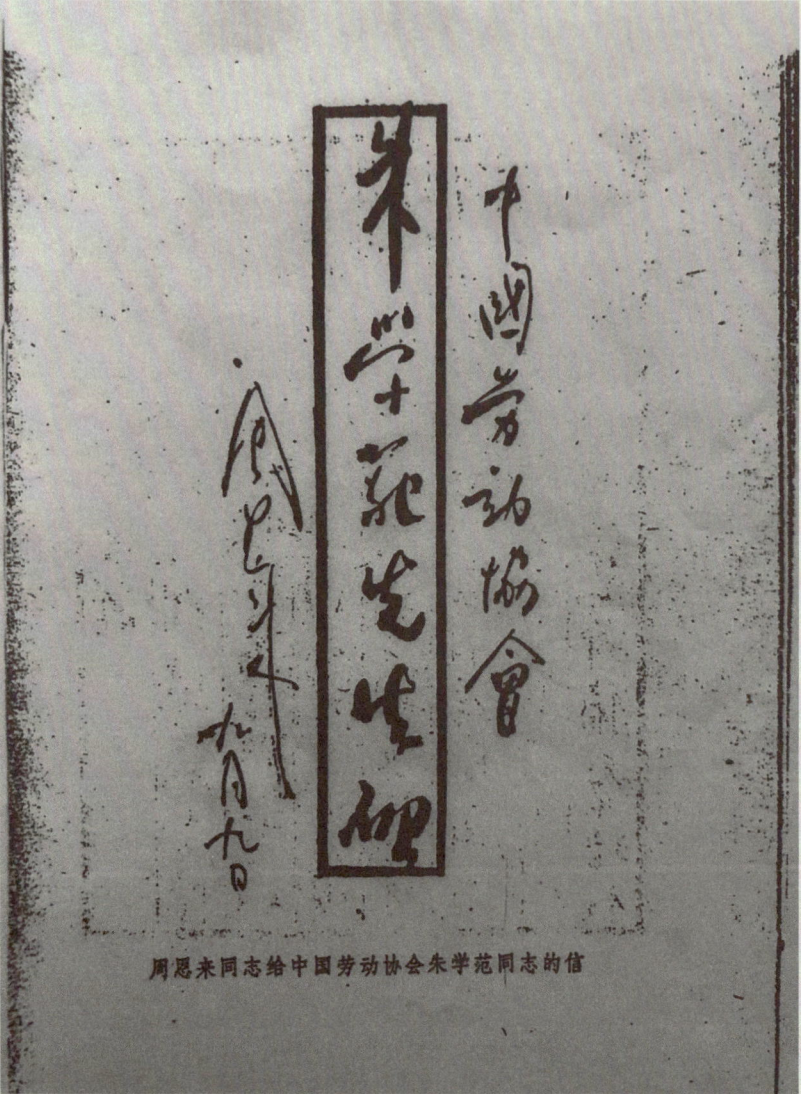

朱学范先生惠鉴

中国劳动协会

周恩来

九月九日

周恩来同志给中国劳动协会朱学范同志的信

1945年9月9日，周恩来给朱学范的信。

国际舞台　彰显风采

正在筹备联合组织……同时，该筹备会及陕甘宁边区职工联合会亦愿以其所推定出席巴黎世界职工大会之代表董必武、邓发、章汉夫三人参加中国劳动协会代表团，使之成为中国统一的职工代表团……现特函达如上，务恳迅予采纳，并代向社会部、外交部请领护照，并转告中国驻美大使馆签发董、章两先生由美赴欧护照，以利团结。"（此信全文见朱学范《邓发同志和我从巴黎到上海》，引自《邓发纪念文集》）

朱学范收到周恩来的信之后，很快向国民党社会部报告，并同部长谷正纲交涉，一再申明，出席世界职工大会的中国劳动协会代表团一定要有解放区工会代表。谷正纲一开始就不同意，后又说要找陈立夫，他作不了主。陈立夫是当时的国民党中央组织部部长，朱学范去找他，开始陈立夫同样是一口拒绝，并以不发护照、不给经费要挟朱学范。朱学范同陈立夫据理力争，并对陈立夫"摔纱帽"说，如果陈坚决不答应，他也没面子去出国开会；如果不给解放区工会代表发放护照，劳协也不用办护照，他们都不参加了。最后陈立夫迫于第二次世界大战后的国际关系友好缓和的形势，看到国共两党正在为国内的和平民主谈判，便答应解放区工会可以派代表出席大会，但不同意董必武、邓发、章汉夫三人均为代表，更不愿意政府出面让中国驻美大使馆签发董、章两人由美赴欧的护照。结果是，只同意邓发一人作为陕甘宁边区职工会代表，与中国劳动协会代表团成员一起，参加巴

1945年，邓发赴法国参会时，在机场与儿子
邓北生合影。

黎世界职工大会。

二、巴黎世界职工大会

确定邓发作为解放区工会唯一代表，成为中国劳动协会
代表团成员参加巴黎世界职工大会后，朱学范在重庆办好邓
发等代表团成员的出国手续。朱学范作为中国劳动协会代表
团团长，先去巴黎，报名发言和参与筹备大会的有关事宜。

邓发从延安到重庆，办好一切出国手续后，由重庆赴巴
黎。邓发自学过一点英语，此次出国不让带翻译和随员，他
找人借了本英语会话书，自己背着行李，转机过关。到达伦
敦后，也没有要求驻法使馆的人员前来迎接，还是自己背着
行李，步行到中国驻法大使馆。大使馆门房见他的样子，既
无随员，又是自己背行李徒步到使馆的，根本没有把他放在

国际舞台　彰显风采

邓发在法国巴黎原中国大使馆门前

眼里，既不想理睬他，更不要说带他引见了。邓发毫不介意地出示护照，自我介绍，一人坐在使馆的廊道上。当大使得知中国工人运动的领袖人物、解放区工会唯一代表、中国劳动协会代表邓发，正坐在廊道上时，连忙前来道歉。邓发进入中国大使馆的这一场景传开后，曾引起不小的议论：共产党的干部就是不同一般。

　　1945年9月25日—10月9日，世界职工大会在巴黎召开，到会的有60多个国家的300多名代表。中国代表团成员代表区域的广阔，以及解放区与国统区工会的友好合作，引起各国代表团和代表们的极大兴趣。由于朱学范的先期申请，更由于邓发是第一个出席世界性会议的中国解放区工会代表，大会主席团同意由邓发代表中国代表团发言（规定每个代表团

出席世界职工大会的中国代表团成员合影。前排左起第一是邓发，第三是朱学范，第六是李佩。

只有一个大会发言名额），各国代表也都想听听来自中国共产党领导的解放区工会代表的主张，都想了解中国解放区工人的斗争和生活。

邓发在10月4日的大会发言中，首先介绍了中国解放区工人的组织、生产、斗争、活动的情况，告诉代表们，中国人民还没有独立，中国的职工会应该在中国工人阶级中形成团结。接着他重点阐明了中国工人阶级的八项主张：一是必须建立一个和平、团结、民主的新中国；二是惩办汉奸卖国贼，解散一切伪军，并没收其财产，一切敌伪组织的职工会必须解散；三是立即实行人民集会、结社、言论、出版、新闻自由，应依照工人要求及其自由意志来组织工会；四是要限制过长工作时间，由于中国的特殊情况，应实行每周四十八小时工作制；五是应改变陈腐的学徒制，应根据学徒掌握的技术程度，提升为工人，并领取工人同等工资，对于女工应实行同工同酬；六是工人应有权过问和参加国家政治生活，以改变工人的无权地位；七是应实行工人免费教育，以消除工人文盲状态；八是中国战后亟待发展工业及恢复正常经济生活，但没有工人高度的劳动积极性是不能的，因此更有实行上述要求的必要。邓发的发言受到代表们的热烈欢呼。报告虽没有直接点国民党的名，但的确是对在中国占据统治地位的国民党政权的无情鞭挞与深刻揭露。邓发在此次世界职工大会上，被选举为世界职工联合会理事和执行委员会候补委员。

邓发在10月5日给朱学范写了一封信。信中除了感谢之

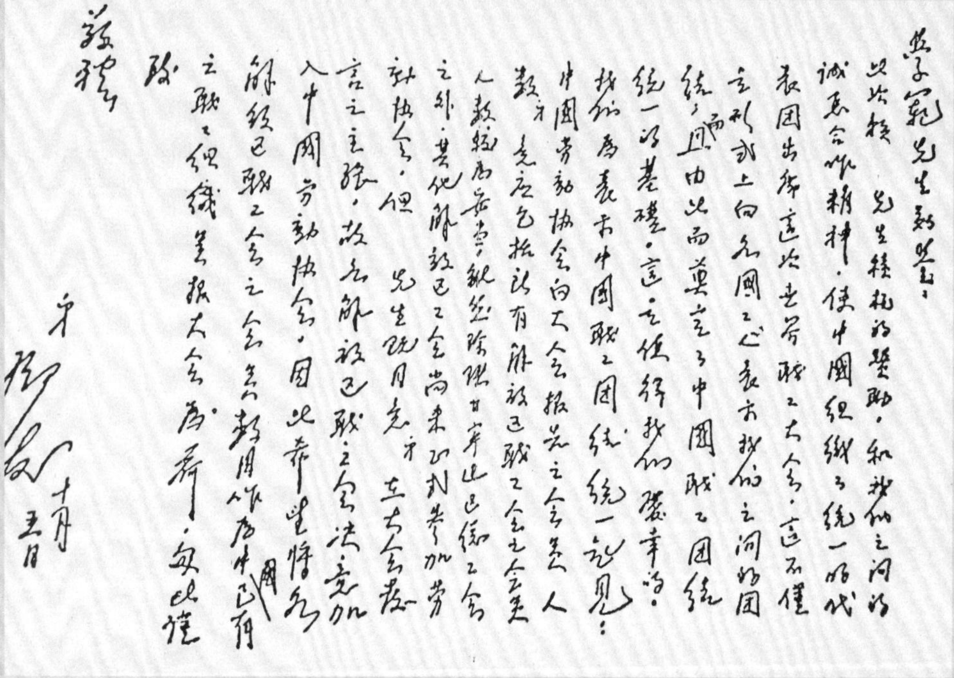

1945年10月5日，邓发写给朱学范的信。

外，还介绍了当前的工作及想法："此次赖先生积极的赞助，和我们之间的诚恳合作精神，使中国组织了统一的代表团出席这次世界职工大会，这不仅是形式上向各国工人表示我们之间的团结，而且由此而奠定了中国职工团结统一的基础。这是值得我们庆幸的。我们为表示中国职工团结统一起见，中国劳动协会向大会报告之会员人数……希望将各解放区职工会之会员数目作为中国已有之职工组织呈报大会为荷。"

朱学范看到邓发的信后，极为高兴，认为"这封信和周恩来同志9月9日的信，都是在中国工人运动史上具有重要意义的文献。它宣告了国民党反动派分裂中国工人运动的阴谋彻底破产，它宣告了以解放区工会为主体的中国工会统一团结的斗争胜利。同时，也为国际工人运动的统一团结的扩大和加强，做出了贡献"。

巴黎世界职工大会，是第二次世界大战结束后召开的一次工人盛会，充分体现了世界职工联盟的大团结精神。此次大会的召开，不仅为世界各国工人团结起来，争取自身的政治经济等各项权利，恢复战后生产，医治战争创伤起到了积极的作用，同时也为解放区职工会与中国劳动协会的合作，打下了很好的基础。

三、向世界宣传中国共产党

世界职工大会结束后，邓发与朱学范等留下，准备参加

在巴黎世界职工大会会场外留影。左二邓发，左三朱学范。

国际舞台　彰显风采

1945年11月在巴黎召开的国际劳工组织战后第一次大会。会后访问和经过法国、英国、意大利、瑞士、埃及、印度、菲律宾回国。此行，无论是有组织的访问，还是途经游览，只要有机会，邓发都会向世界宣传中国共产党。

邓发在巴黎呆的时间较长，参加过记者招待会，也曾与记者单独谈话。他跟记者交谈得最多的就是有关中国共产党的事情，他详细地介绍了中国共产党的七大盛况，详细说明了关于打败日本侵略者、建立新中国的主张和"和平、民主、团结"三大口号的内涵。

邓发在接见记者时，发现不少外国记者对红军的长征很感兴趣，就给他们讲红军长征的意义，陈述长征的艰辛和中国共产党人的顽强意志。邓发告诉记者，他自己就是长征的过来人，有了长征的经历和磨难，从此就没有对任何事情有过畏难。他反问道："一个等于死而复生的人，还怕什么？可是，这种苦你可受不了，我们希望今后永远不再有人受这种苦了。"

邓发面对一些记者提出的尖锐问题，比如中国军队的归属问题、中国共产党为什么要有自己的军队、为什么国共两党要打内战等等，都毫不回避地阐明自己的立场和见解。特别是在一次同两位华裔的美国随军记者谈话中，邓发谈得比较多。在回答军队问题时，邓发反问，军队应当国家化，但谁能真正代表"国家"？邓发从孙中山发动和领导国民革命，讲到国共合作掀起轰轰烈烈的大革命，再

1945年10月，邓发在法国观光时留影。

讲到蒋介石如何篡夺政权。他指出，中国共产党的军队是人民的军队，是为了反对反革命军队、保护人民利益而建立的。中国共产党及其领导下的军队，从无到有、从小到大，一刻也离不开人民大众的支持。而后，邓发采取反问式交谈。"蒋委员长"可曾由全国的老百姓投票选举过？现在日本投降了，是谁有诚意建设一个战后统一、民主的新中国？现在全世界都知道，是毛泽东主席为此专程前往重庆，而不是蒋介石到延安。在关于内战问题上，邓发说，八路军来自人民，不是雇佣兵，不是以打仗为职业，更不愿意打内战。在别人发动内战时，他们是为保护人民的利益而还击的。为什么要打内战？"打不得，老百姓受不起了。我们总是委曲求全地希望要停下来，自己人有什么不好商量呢？"在问到为什么国共两党坐下来开政治协商会议的问题时，邓发说，完全是为了争取和平、民主，而他们始终认为"顾全国家的地位和人民生活是不容失败的"，为此，他们一直在努力。邓发的谈话直率、坦诚，赢得记者们的赞赏。

邓发利用参加两个世界性会议之空隙，几乎走遍了巴黎的博物馆，他仔细参观、研究法国革命历史，欣赏法国戏剧音乐和名画艺术。他高度称赞法国工人运动为争取自由独立的革命精神。他把中国革命与法国革命以及世界工人运动紧密联系在一起，特别是他认为法国的历史、法国的革命、法国的工运，有许多值得中国共产党人学习的一席话，

1946年1月，邓发访问菲律宾《华侨导报》时留影。前排右二为邓发，右三为李佩，右五为朱学范。

深得法国朋友的好评。

　　邓发在参加完巴黎国际劳工组织战后第一次大会后，重点访问了英国。以下三件事充分体现了邓发作为中国共产党人的鲜明特征。

　　第一件事是邓发与国民党顽固派康泽的舌战。邓发是在英国伦敦的中国大使馆里，第一次碰到了康泽，康泽当时是国民党的顽固派，两人相互间只是点头示意，没有交谈。来到法国巴黎后，邓发在一家餐馆里，又遇见了他，于是两人便坐在一起。邓发和康泽在觥筹交错中进行了激烈的舌战。康泽先指责中共挑起内战，但邓发从容不迫地摆出事实，说明八路军和游击队在浴血抗战中，从日本侵略者手中收复了失地，建立起根据地，现在遭到国民党军队的侵犯，为了保护老百姓的生命安全，共产党不得不进行自卫还击。康泽理屈词穷，只好调转话题，说起当年在黄埔军校老同志的情况。

　　第二件事发生在邓发访问英国利物浦期间。在这里，邓发见到了十几年前曾一起战斗过的中国海员工人。利物浦的中国海员工会，是在1942年由共产党员陈天声领导而组织起来的，几年的时间就有三四千中国海员参加，他们都在英国船上做工。在第二次世界大战期间，他们担负并参与反法西斯同盟国家繁重的运输工作，流血牺牲，作出了很大的贡献。可是国民党反动派对他们不闻不问，漠不关心。当邓发将去看望他们的消息传出去后，中国海员

邓发参观巴黎罗浮宫时留影

国际舞台　彰显风采

们万分兴奋。邓发到达利物浦的当天，中国海员工会负责人和许多中国海员把站台挤得满满的，每一个来迎接的海员都争着和邓发握手。他们把从解放区毛主席身边来的中国工会领导人邓发与大家见面的事情，当成一件大喜事来对待。在车站和工会会客室，邓发都应邀讲了话，他介绍中国共产党和解放区的现状，鼓励中国海员要加强自己的团结，并且还要加强同各国工人阶级的团结，为彻底消灭法西斯根源而斗争，为坚持建立一个和平、民主、统一的新中国而作出自己的一份努力。邓发参观了码头，访问了中国海员的宿舍，询问了中国海员的劳动和居住状况。邓发嘱咐中国海员工会的同志，称他们是中国海员的亲人，工会一定要关心会员的生活，要为会员争取民主权利。中国海员看到邓发如此关心他们，十分感动，都说邓发不愧是"中国工会的卓越的领导人"。

第三件事是邓发在英国共产党代表大会上发表演讲。在演讲中，邓发首先说明中国共产党已经召开了第七次代表大会，是一个成熟的、有希望的工人阶级政党。他说，中国解放区的工人是自由的，他们选举自己工会的领导，公开进行社会活动，这是因为解放区是新的民主的区域；解放区工会在中国共产党的领导下，是要结束中国的封建时代以及寄生在这个基础上的独裁、官僚政治。今天，中国共产党要求停止进攻民主解放区的内战，停止外国人干涉中国内政，是要成立一个民选的，包括共产党以及各党

邓发等在埃及金字塔留影。右起：邓发、朱学范、李佩、陈家康。

派在内的民主的联合政府。他指出，中国共产党的这一主张，不仅得到广大人民的支持，也得到中国第三大党民主同盟的支持。但是，国民党少数反动派反对这些要求，这些人惧怕并憎恨一个民主的中国，以致他们宁愿把中国拖入内战，也不让她诞生。

邓发在参加国际会议，以及访问或途经别国的过程中，既开阔了视野，更看到了战争给欧洲各国带来的经济萧条和人民生活的困难。他说："战争给欧洲人民带来的是无数的灾难，——尤其从法西斯统治下解放出来的国家，什么都被抢劫一空，那里的人民吃不到肉类，吃不到糖，把麦子炒过后当咖啡，白开水当红茶。我在英国差不多天天吃南瓜、洋芋和两块香烟盒大的面包；在法国我们吃像纸一样薄的香肠；在南斯拉夫则没有一个城市不被破坏，每一个城市都常常停电，火柴简直不容易买到。"

第六章

沉痛哀悼　深切怀念

邓发一回国，就投入到紧张的工作中。很可惜，80多天后，在与王若飞、秦邦宪、叶挺等人乘美军飞机前往延安途中，飞机在山西兴县撞山焚毁，邓发与机上人员全部遇难。邓发当年仅40岁。

一、回国后的80多天

邓发与朱学范等人于1946年1月23日从马尼拉飞回上海。在上海停留的三天时间里，邓发根本没有好好休息。他在三天里访问上海邮政局，接受《生活知识》记者访问，探望战友廖梦醒等。

1月24日，邓发在朱学范（朱自称是上海邮局的老邮工）等人的带路下到上海邮政局访问。当时上海的报纸是这样写的："邓发——这个响得聩耳的被崇敬的名字，吸引了邮局职工"；"中等的身材，挺坚实，穿着半截的皮领大衣，黑黝而英俊的脸上配着一双发亮的眼睛，完全是一个工人，一个出众的可亲的工人代表"。邮局的军乐队在苏州河边的

邓发在上海邮政局与工会代表交谈

大门口奏起乐曲，许多邮局工人列队迎接。"邓发来了"，邮工们从四处拥来，把工会办公室门前的天井和四周围挤得满满的。邓发同邮工们从底层走到四层楼，又从四层楼走下底层，走遍了每一个车间，亲切询问邮工们的工作、生活及家庭情况。邓发在交谈中号召邮工们，要大家团结起来，全国工人要团结起来，为和平民主而奋斗，为工人阶级的切身利益而奋斗。邓发的到来，使工人们感到振奋，他们感慨地说："今天是十八年来从未有过的好日子，给邮工带来了新的希望，象征着一个新的时代的开始。"

1月25日，邓发接见了来访的上海工人刊物《生活知识》周刊的记者，就参加国际会议、欧洲形势及国内政治、职工运动等问题，进行了交谈。首先，邓发高度评价巴黎世界职工大会以及中国代表团参会的作用。他指出："这次大会各国参加劳工总数达六千万人，与过去国际工会联合会不同的是苏联二千七百万劳工也加入了。这次大会最重要的成就，是全世界职工联合起来，参加世界的和平机构，以防止第三次世界大战，维持国际和平。在大会中与朱学范保持密切的合作，提案与会场发言，事前都经过双方商讨和同意，希望中国职工以（此）为契机，实行民主统一化的大团结。"邓发对战后欧洲的形势，是这样回答记者的，他说："欧洲国家在战争中损失也很严重，战后社会情景很是萧条，因此一般人民对战争都很厌恶，大家希望和平，尽力避免今后再发生战争，这也可以说是目前世界的大势。"邓发针对国内局势的发展，指出："我们所需要的是'和平''民主'，'非和平不能建国'，'非民主不能团结'。……目前虽还有逆流阻碍，不肯进步，但历史的方向不是少数人把持得了的，中国一定会走上民主团结的道路。"

谈话中，邓发向记者询问了近期劳工的生活及运动状况。记者便告知他上海近期的汹涌工潮：电力公司2800名职工坚持怠工，两万多名失业工人游行请愿，要求复工和有组织工会的自由，法商电车公司、英商老怡和纱厂、新怡和纱厂以及中纺公司的工人，都为工资、福利、赏金、解散费等展开了斗争。邓发对斗争的结果十分关切，他说："工人应有组织工会的自由，罢工的自由，工会是工人自己的，工会职员应由工人用民主方法选举，工人内部应不分党派、宗教、信仰，大家团结起来，组织全国性的总工会。"他还指出："工人罢工是不得已的事，资本家不过分剥削，职工生活能够维持过去，又何必罢工呢？"当记者讲到国民党的舆论及社评指责是共产党组织工人闹工潮，把秩序搞乱了。邓发明确地告诉记者，不要相信国民党及其舆论的蛊惑，"这是国民党反动分子一贯的政策，把一切功劳都挂在嘴边，把一切坏事推给共产党！"记者十分感谢邓发的谈话，以《胜利后第一个到上海的中共领袖》为题，在《生活知识》周刊上介绍了此次谈话的主要内容。在事后的回忆中，记者对邓发作了如此的评述："饱经风霜的坚实的形貌，两眼发出炯炯的目光，在他身上，你可以感到农民的朴实，工人的直爽，政治家的锐敏老练三者溶合一起的气质，他的话简短而有力，对于问题的答复和解释，非常确切和明快，毫没有犹豫含糊或客套的词令。"

1946年1月26日，邓发与朱学范等同机飞回重庆。在重庆期间，邓发向正在重庆的周恩来汇报了参加世界职工大会的情况以及访欧的感受，谈到与朱学范之间的合作和建立的友谊。周恩来对大会的成功、对邓发的成绩十分满意，他希望邓发在重庆好好休息，利用与朱学范的交往，为增进相互了解和合作，为中国工人阶级的团结，为国家的独立、民族的解放、人民的民主，积极地进行争取统一中国工人阶级、发展中国工人运动的工作。按照周恩来的指示，邓发与朱学范共同努力，于2月1日，发表了根据邓发提议形成的《中国劳动协会对当前政治的要求和主张》二十三条。其主要内容是：彻底保障人民身体、信仰、言论、集会、结社、居住、通讯基本自由；召开真正民选的国民大会，工人代表名额应有明文规定；解决土地问题，实行二五减租，禁止高利贷，反对土豪劣绅压迫农民，提高农民生活，实行耕者有其田；修改工会法，废止限制劳工的法令，组织全国工会联合会；工人有工作的权利；根据各地物价指数，以必需生活费用的标准，规定最低工资，并实行不分性别同工同酬等。

此时，邓发还给家人去信，坦露自己的心怀。1月底，他在给堂弟邓碧群的信中写道："抗战八年，我虽未死于战场，但头发已斑白了，但我比起遭难的同胞，战场牺牲的

1946年2月，邓发在重庆向各界介绍巴黎会议情况。

英雄，不但算不得什么，而且感到惭愧！国家所受破坏是惨重的，人民的牺牲，房舍的被蹂躏，这一切固然付了巨大的代价，然中华民族不但在东方而且在全世界站立起来了。倘若国内和平建设十年八年，中国就会成为头等强国，人民生活将大大提高。"2月9日，他在给妻子陈慧清的信中写道："我回国后一切都很好，只是在欧洲因无东西吃，稍比从前瘦了些。……到欧洲去洋相倒没出，只是吃了一点苦而已，但我们的收获却很大，所以吃了一点苦头，我还是很愉快。"

2月10日，重庆市各界召开政协闭幕庆祝会，国民党特务制造"较场口事件"，破坏会场，打伤郭沫若、李公朴以及中国劳动协会的爱国民主人士。当天下午，邓发前往医院看望慰问受伤人员。

4月7日，邓发与王炳南等人相聚一起。邓发高兴地向朋友们介绍此次从国外带回的名画及纪念品，并风趣地说，可以办个展览。最后他告诉朋友，明天将离开重庆，返回延安去。

4月8日，一架特殊的C-47运输机从重庆机场秘密启航，飞往延安。机上人员有：叶挺、秦邦宪、王若飞、邓发、叶挺的夫人李秀文、叶挺的女儿扬眉和儿子阿九、黄齐生老先生及其孙子，还有秘书李少华、彭踊左、魏万和、赵登俊等13人；机组人员有美军飞行员兰奇上尉，和瓦伊斯、迈欧、马尔等3位美军上士。

下午1时许，在延安的中央领导和飞机乘客的亲属们都陆续到达东关机场迎接。此时的延安，天色昏暗，下着蒙蒙细雨。大约到2时许，远方隐约传来飞机的轰鸣声，欢迎的人们脸上充满了喜悦的笑容。然而，那高空的飞机轰鸣声，不久便自近而远，渐渐地消失了。此时的山西省兴县黑茶山，黑云密布，大雨滂沱，能见度极低。附近的村民先是听到飞机的轰鸣声，接着便是一阵剧烈的爆炸声。第二天清晨，黑茶山地区一名区委书记带民兵上山查看，证实撞毁在黑茶山的是一架美军飞机，机上人员全部遇难。

4月11日，中共中央委员会以极大的悲痛宣布烈士遇难的消息。

4月13日，中共中央与延安各界成立以毛泽东为首的26人的治丧委员会。

4月18日，王若飞、秦邦宪、邓发、叶挺等人的遗体由两架飞机运回延安，朱德、刘少奇、任弼时、林伯渠及延安各界代表与群众万余人接灵。朱德、刘少奇亲视入殓。

4月19日，延安举行追悼大会，三万多人隆重悼祭遇难烈士！追悼会会场悬挂着中国共产党中央委员会的挽联："天下正多艰，赖斗争前线，坚持民主，驱除反动，不屈不挠，惊听凶音哀砥柱；党中留永痛，念人民事业，惟将悲苦，化成力量，一心一德，誓争胜利慰英灵。"

二、领导人致哀悼文

噩耗传来，全党为之震惊！王若飞、秦邦宪、邓发、叶挺都是中国共产党的优秀党员、人民军队的杰出指挥员。中共的领导们强忍悲痛，参加追悼大会，写下题词和致哀悼文。

毛泽东得知"四八"烈士遇难事件后，心情格外沉痛。为此，毛泽东为"四八"烈士题词"为人民而死，虽死犹荣"，并于1946年4月20日，在《解放日报》刊发了《向"四八"被难烈士致哀》的悼文。

亲爱的战友们，不朽的英雄们：数十年间，你们为人民事业做了轰轰烈烈的工作。今天，你们为人民事业而死，虽死犹荣！你们的死是一个号召，它将加深中国人民对于中国共产党的认识，它将加强中国人民坚持和平、民主、团结事业的决心！你们的死是一个号召，它号召全党党员和全国人民团结起来，为和平、民主、团结的新中国而奋斗到底！全党党员和全国人民将继承你们的遗志，继续奋斗，直到胜利，决不懈怠，决不退缩！

（引自《邓发纪念文集》，第4页。）

朱德为"四八"烈士的题词是："为全国人民和平民主团结而牺牲。"他于1946年4月20日的《解放日报》刊发了《完成死难者所遗下的事业》悼文。文中讲到：

王若飞、秦邦宪、叶挺、邓发诸同志及黄齐生先生的遇难，在我个人是失去了多年的亲密战友，在我全党、全军和全国人民是失去了伟大的斗士和优秀的领导者。这实在是不可计算的损失。……在今天中国的革命运动中，像他们这样经验丰富的领导人物是很难得的，是极其宝贵的。……我们的责任现在是更重了！我们应该更负责、更积极、更坚决地继承死者遗志，为和平民主事业，为人民解放事业而努力，才能安慰死难同志的英灵！亲爱的死难同志们！我们一定这样去作，来完成你们所遗下的事业。愿你们安息吧！

（引自《邓发纪念文集》，第8—9页。）

朱德在悼文中表示希望全党同志继承烈士遗志，把党的事业进行到底！

刘少奇为"四八"烈士的题词是："把给予我们伟大死者的悲痛，变为积极的力量来巩固和平，争取民主。"他于1946年4月20日的《解放日报》刊发了《痛悼我们伟大的死者》悼文。文中讲到：

本月8日，由于一架飞机的失事，给了我们党和中国人民以最严重的惨痛的损失。……这种损失的重大是无法补偿的。我们的这些死者，不只（是）具有完全纯洁的伟大的共产主义的理想，而且是在中国人民解放事业中经过了长期艰苦而极端复杂的实际斗争的考验，在这些考验中证明他们是全心全意为人民服务的，是中国

沉痛哀悼　深切怀念

人民最好的勤务员，因而也就使他们成为中国人民最好的领袖和教师。……中国人民丧失了几位最好的领袖，我们的悲痛实在是难以形容的。……死者的遗志将由中国成千成万的优秀男女继承着，中国的和平、民主一定要胜利，独立、自由、民主、统一和富强的新中国一定实现！

（引自《邓发纪念文集》，第10—13页。）

周恩来为"四八"烈士的题词是："黑茶山顶，延安河边，人民英雄，永垂不朽。"他于1946年4月19日在《新华日报》刊发了《"四八"烈士永垂不朽》悼文。文中哀悼遇难所有人员：

若飞！博古！希夷！邓发！黄老先生以及一切遇难的中美朋友、同志和扬眉！你们集体牺牲，你们已成了"四八"烈士。……二三十年为中国人民解放事业的奋斗生涯，已经把你们锻炼成为人民的英雄，群众的领袖，青年的导师和坚强不屈的革命战士。你们中，像若飞等七位同志，都经过一二十年共产主义党的教育，已成为久经考验永远忠于人民事业的党的优秀领导者和党的骨干。你们是中国人民的瑰宝，你们是中国共产党的光辉。现在竟活生生地把你们从我们中间夺去，从中国人民中间夺去，这是中国共产党最大的不幸！这是中国人民最大的不幸！

（引自《邓发纪念文集》，第5页。）

周恩来在悼文中对邓发有专门的悼言，充分表达了自己对邓发的赞誉和怀念：

邓发！你是工人队伍里培养出来的领袖，最后，你为中国工人阶级联合战线，同时也是为世界工人阶级联合战线，建立了光辉的成绩。但是这成就刚刚开始，你竟一去不返。为继续和发扬这一成就，我敢向你保证：我们要为中国和世界的职工联合运动的彻底成功而奋斗！

（引自《邓发纪念文集》，第6页。）

任弼时为"四八"烈士的题词是："你们的功绩，永垂不朽。"

三、战友们的沉痛哀悼

邓发从投身香港海员大罢工开始，在香港、广州、瑞金、延安、新疆等地区，在不同的环境和不同的岗位上，结识了不少朋友，有许多患难与共的战友。他们得知邓发遇难的消息后，以各种方式表示沉痛哀悼。

习仲勋是邓发到陕北后结识，并在一起工作的战友，他怀着思念和沉重之情，于1946年4月20日在《解放日报》刊发了《纪念我们的先驱》悼文。文中习仲勋流露了自己的心情："想写篇追忆若飞、博古、叶挺、邓发几位同志的文章，然而手沉重到难于提笔。失去这十几位敬爱的同志和朋友，悲痛是无法自已的。"他追忆邓发，称邓发在1935年中央红军北来的时候就到了边区，是全国知名的人民的伟大战士，是边区人民很尊重的领导者。他写到邓发曾经整月整日地住在边区的工厂里，亲自帮助边区的工业建设，亲自教导边区的工人，边区人民永远难以忘怀邓发为边区立下的业绩。

　　陈毅与遇难的大多数同志在中央苏区时就认识，他当时很难接受这惨痛的事实。他发表悼文，表达自己于4月12日晚从广播中得到王、秦、叶、邓诸同志及黄齐生先生遇难消息的感受："真是太突然，真是太悲痛。震动全身压缩呼吸的沉哀，反使人不敢相信会是事实，反希望这是广播的错误。就是有吧，定不会有这样多人同时被难。这一夜对灯痴坐，追想与惨痛杂乱的交织着，总望有另外的消息突然来一次衷心渴望的更正，有几人蒙难，有几人受伤，或者几人幸得生还。"然而很不幸，一次一次的消息完全证实了惨剧，"我党中央以极大的悲痛宣布了这个新闻，最后宣布了这个惨痛的全部的消息。全中国几万万人同声悲痛，正在悲切哀悼他们自己的伟大战士"。陈毅强忍悲痛写下《痛悼与奋勉》，让活着的人不要忘记这些可亲可敬的战友，在"面临着当前的紧急时局，我们应该变追悼的悲痛为奋勉，我们高举和平民主的光明的旗帜去粉碎黑暗势力，这是我们在王、秦、叶、邓、黄诸先烈英灵之前的誓词"。此悼文刊发在1946年4月20日的《解放日报》上。

　　邓颖超知道战友们遇难的消息后，难以掩饰心中的悲痛，于1946年4月19日在《新华日报》刊发了《悼》一文："我沉

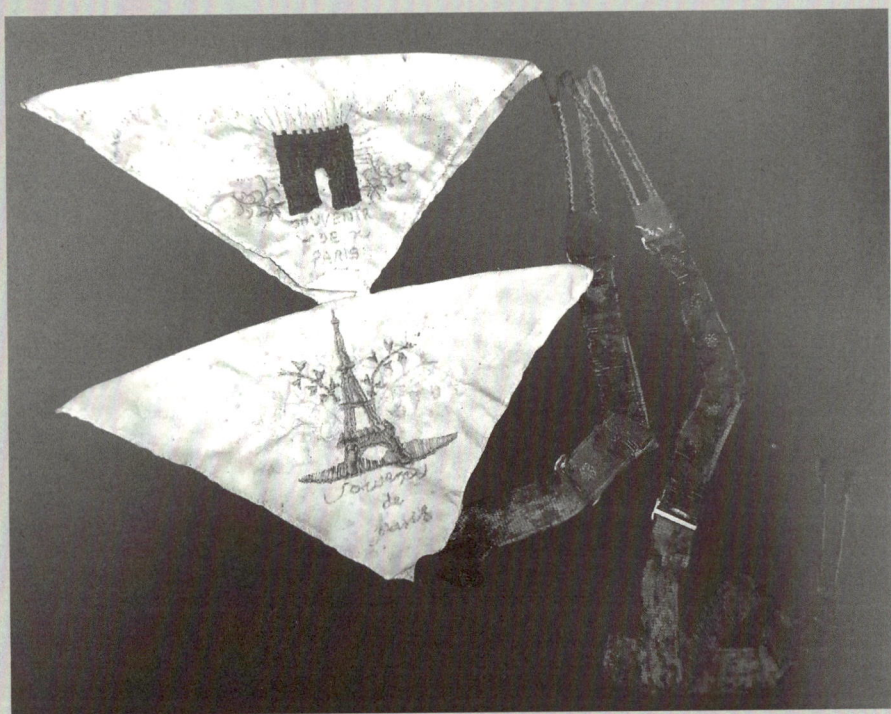

邓发从法国带回来的吊裤带和手帕

痛地哭悼若飞、邦宪、叶挺、邓发诸同志，黄齐生先生及叶夫人和扬眉之死难！他们的牺牲是我党与中国人民解放事业之巨大损失！……为了纪念死者，只有全党同志和全中国人民更亲密的在一起，更亲密的团结起来！学习他们奋斗的英勇，学习他们革命的坚定性，学习他们坚持保卫人民利益不屈不挠的精神，倍加努力工作，为了争取中国人民的利益，为了争取中国民主之实现，为坚持实现政协决议而奋斗到底！……"

王炳南视他们如亲人，不相信战友已离去："没有任何人会相信他们已经放下担子同我们永别了。"王炳南在1946年4月18日《新华日报》刊发的《他们并没有死》悼文中，当写到邓发时，他眼前还闪现出一幕幕与之一起的画面："我还看见邓发同志，他走的前一日还同我们一起进餐馆。他是经常夜晚坐在我们办公室里讲了很多海外的冒险故事，他房里挂着毕加索送他的油画，箱子里装满了从法国带回来的美术品，他还开玩笑的同我商量要开一次展览会哩。这一切都活生生地浮在我的眼前……"他十分怀念这些战友，不相信他们已经遇难。"这怎么能叫人相信呢！他们在沙场身经百战不死，他们在监牢里定了死刑不死，怎么会一下全完了呢！他们的意志是那样坚强，他们的经验是那样宝贵，他们的成就是那样伟大，他们的为人是那样可爱，中国共产党锻炼了这样一批最优秀的领导者，要他们肩负更大的任务，当中国人民正在迫切需要他们的时候，怎么会不见了呢！绝不会，他们都活着，他们活在千千万万人的心中，他们仍同大家站在一起，鼓励着大家不断前进。他们并没有死！"

陆定一是在重庆送战友们去机场的，根本没想到遇难的消息突如其来。1946年4月8日下午，陆定一得知战友们前往延安的飞机没有到达延安的消息时，"好像大铁锤打在背上，呼吸给塞住了，脉搏给停住了。'不会的，不会的。'我想。早晨6点钟我还送他们上了汽车"。然而，现实让人悲痛："我的面前，放着昨天由延安带来的信……它告诉我，人民的领袖毛泽东同志，得到这个不幸的消息后，三夜没有睡，一提起就流下泪来。"在1946年4月19日《新华日报》刊发的《悼念人民的卫士们》一文中，陆定一述说其知道邓发身担重任，是国内外有名望的工人运动领袖，他对邓发的不凡经历，特别是对邓发刚从国外回来的印象还深深留在脑海，是陆定一他们"把邓发同志由巴黎的国际职工大会接回来"。他对邓发及其他战友的遇难感到痛惜："他们是在为中国和平民主团结统一的奋斗中牺牲的，他们以自己的生命贡献给这个事业了！"

郭沫若后来在《新华日报》专门写下了《哭邓发》，感怀邓发的为人及邓发对自己曾予以的厚爱，用诗句表达自己的怀念之情："二月中旬我们在青年馆看《棠棣之花》，我才第一次认识你，中国工人领袖，邓发。/我吃了一惊，我觉得你丝毫也不像工人，你那三角形的面孔，宽阔的额部，就像德国的康德，一位大思想家。/……较场口事件后，你常常关心着我胸部的旧伤，你要我用白兰地对牛奶以事疗养，你说，你往年从德国到苏联因翻车曾折断过肋骨两片，苏联的大夫为你这样调治，你用了一两月之后居然痊愈，至今是不痛不痒。/我虽然没有照着你的话尝试，但我感谢你的厚情。/我的肋骨终有折断的一天吧，没有白兰地就代以烧酒，没有牛奶就代以豆羹。"

艾青于1946年4月14日写下了《想起邓发同志》一诗，在他记忆中的邓发是这样的："航船上的水手，是海洋的儿子，高阔的天空下，和惊涛骇浪搏斗。/二十年的大风暴中，你历尽了困苦艰难；你是中国工人的舵手，站在航轮的舵房里，两眼测看着无边的海面，两手转动着决定方向的舵盘……/今天你殉难了，你的殉难，是中国革命的损失，是工人阶级的不幸!"

萧三认为，邓发的一生，是为人民服务的一生。他在1981年4月7日的《光明日报》刊发了《用生命为人民播撒幸福种子的人》长文。他写到邓发生前喜欢的一句话是："你不把谷子撒在地上，怎望它长出芽来。"他称赞邓发的"一生正是全心全力，用鲜血和生命辛勤播撒的一生。不过他播撒的不是普通的种子，而是人的幸福。他自己虽然没有分享到收获，却造福于后人"。由于工作关系，萧三和邓发虽没有多次的接触，但每一次会见都给他留下了终生难忘的印象。特别是邓发对党的事业忠心耿耿，对敌斗争的坚决、机智和勇敢，对同志诚恳热情和办事的干练、精明，对工作的认真负责、一丝不苟，以及邓发由一个工人力求做到知识化的精神，让萧三感到非常钦佩。

文章叙述了萧三与邓发交往的事迹。1939年春，严寒袭人。萧三从苏联取道新疆回国。邓发一看见萧三，就高兴地叫："老萧！欢迎你！"萧三作为一个海外游子，回到生养抚育他的祖国，回到了党的怀抱，又得到老朋友的热情接待，他的高兴劲就甭提了。当时，邓发在新疆乌鲁木齐化名方林，继陈云之后任第十八集团军驻新疆办事处主任，实即党的代表，主管党在新疆的全部工作。由于邓发全面贯彻执行党的抗日民族统一战线的政策和少数民族政策，团结各族人民，积极宣传中共的主张，扩大我党我军的影响，致使中共毛泽东、朱德的名字在新疆几乎家喻户晓。

邓发有过长期从事党的保卫工作、地下工作的丰富经验，遇事沉着机智，考虑问题很全面。萧三到新疆后，邓发没有在办事处接待萧三，而是跑到郊外，萧三后来获悉这是为了避开盛世才的侦探和国民党的耳目。萧三和邓发一同坐飞机从新疆回延安。他们回到延安，邓发住在杨家岭，萧三住在靠北门外的"鲁艺"，大家见面的机会多了。邓发很会做菜，几次请萧三吃他亲手做的白斩鸡。1939年冬，萧三参加过邓发主持的工人大会，听过邓发的演讲。邓发富有演说天才，讲起话来，鼓动性强，这是他长期搞工运和群众工作的结果。有一段时间，邓发几乎整月整月地住在工厂，亲自搞调查、抓典型、总结经验，由他发动和组织的学习赵占魁运动，就是一例。赵占魁是边区农具厂翻砂股的工人，数年如一日，辛勤劳动、埋头苦干、大公无私、爱厂如家，做出

沉痛哀悼　深切怀念

了成绩，受到工人群众的拥戴。邓发亲自找他谈话，利用这一典型，掀起了向赵占魁学习的运动。后来这一运动发展到全边区，得到党中央和毛泽东的称赞。

邓发任中央党校校长时，常对学员和工作人员说："我们对反革命要恨，对革命的同志和朋友要爱、要和。"一次，一位大师傅暴病死去，为让医生查明死因，邓发亲自将尸体送到医院，看完医生解剖化验，才放心回去。1942年，边区劳动模范、共产党员赵占魁因公烫伤了脚，住进中央医院，邓发亲自前去探望慰问。

1945年9月，邓发作为解放区几十万职工的代表，出席巴黎世界职工大会。临行前，萧三见他身背一架照相机，满面春风，他高兴地告诉萧三，他要出洋了！大家都热盼着邓发从巴黎回来。真想不到，1945年9月，萧三与邓发在延安的分手，竟成了他俩的永别。"直到今天，邓发同志呼我'老萧'时的爽朗亲切的声音，他的机智的神态和炯炯的目光仍时时在我脑际萦回"，萧三回忆道。

杨尚昆与邓发是多年的老战友，从瑞金中央根据地到延安党中央所在地，在许多重要场合和关键时刻，他们都以党和人民的利益为重。杨尚昆时常想念与邓发相识、相见，共同工作，成为亲密战友的日子。他多次对身边同志以及对前来采访的同志们讲述邓发的故事，并时时牵挂着邓发的亲人及其故乡的变化。由广东省委党史研究室同志于1996年9月6日采访杨尚昆谈话记录整理的《忆邓发》一文，杨尚昆高度

杨尚昆为电视纪实片《播撒幸福的人——邓发》
题写片名

评价邓发，并就邓发在几个关键时刻及重大事项中显现出来的卓越才能进行了追述。

在杨尚昆的印象中，邓发对党非常忠诚，是一个性格开朗的人。他与邓发相识在中央根据地。杨尚昆1933年到中央苏区后，有一次在瑞金参加党中央的会议时认识了邓发。邓发当时任国家政治保卫局局长，还没有进中央政治局。杨尚昆认识邓发后，相互间没有经常性的工作往来。因为邓发负责保卫工作，杨尚昆负责宣传工作；邓发住在瑞金，杨尚昆住在叶坪，相隔十多里地。1933年6月开第二次宁都会议时，两人又见面了。开会的时候，大家相聚在一起，很热闹。

1934年10月长征开始后，邓发在中央纵队当政委，杨尚昆在红三军团。在红军渡过湘江后，中共中央在贵州黎平开了政治局会议，最后决定原来计划到湖南同红二、六军团会合的意图，改为去川黔建立根据地。后来，邓发与杨尚昆在遵义会议上又再见面。邓发当时是中央政治局候补委员（是在中共六届五中全会上补选的），在遵义会议上，中央政治局大多数同志拥护毛泽东的正确主张，其中就包括邓发。对于这一点，杨尚昆是肯定的："遵义会议上，邓发同志是站在毛主席这一边的。"

1939年冬，邓发奉命从新疆回到延安，其间担任过一段时间的中央党校校长，工作很忙，但还亲自讲课，而且很受学生欢迎。1941年初在第一次决定要开"七大"的时候，中央就把杨尚昆从北方局调到延安。后来决定推迟召开"七大"，要先整风，后再开"七大"。其间，大家就组织读书学习，参加整风运动，闲时就相互串门子，而邓发、王若飞、李富春、陈云和杨尚昆几个人比较谈得来。在延安，杨尚昆和邓发都住在杨家岭，邓住在沟里，杨住在沟外。由于有在中央苏区时建立的友谊基础，双方成了好朋友。杨尚昆还谈到与邓发在一起的有趣小事。邓发在中央党校卸任后，他们常在一个食堂吃饭，闲聊时，邓发就说起他会做"火烧冰激凌""广东白斩鸡"。邓发在延安养了很多鸡，常给大伙做"白斩鸡"。"七大"结束后，邓发又"露一手"他的本事，亲自给大家做广东的烤乳猪，大伙吃了十分称赞。

1945年9月，世界职工大会在巴黎召开，成立世界工联，各国的工会都有派代表团参加。邓发作为中国解放区工会唯一的代表，加入由国民党组织的中国工会代表团里。中国工会代表团团长是国民党统治区的工会领导人朱学范。杨尚昆认为邓发功劳最大的是利用参加巴黎世界职工大会的机会，积极做通朱学范的工作，把朱学范和他领导的工会争取到中共这边来。

1946年4月8日，邓发与其他人一起乘坐美军观察组的班机，从重庆飞往延安。当时，杨尚昆他们得到美军观察组的通知前去迎接，但一直等不到。后来再得到消息说，这架飞机失踪了，大家都很震惊和急切。当时杨尚昆住在王家坪，一直与美军观察组保持联络。那天晚上12点以后，美军观察组打电话告诉他还没有消息，还在寻找，并通知他，第二天有两架飞机要到延安来，在延安附近继续搜索。杨尚昆同意了，还经过西北局通知边区政府，通知下属县一有动向立即上报。第二天，两架飞机在延安附近、陕甘宁边区搜索了一天，也没有结果。大家知道，事情大概很坏了。4月10日，晋绥分局来电报，说有老百姓报告，在那天黑茶山山里打了个大炸雷，但没有下雨，不知怎么回事。杨尚昆听到这个消息，赶快复电晋绥分局，请派人去搜索，当时晋绥分局的保卫部长谭政文带人上山搜索，动员了上千民兵上山。后来，终于找到了飞机残骸、烈士遗体和散落的东西，并设法把烈士遗体运出来。几天后，美军观察组派飞机把尸体运回延安。

4月19日，党中央在机场开了一个在当时的延安是空前隆重的追悼会。"中央领导同志都到了，只有毛主席没到，毛主席当时住在王家坪，我每天向他汇报情况。他当时非常悲痛……当时，天气也不好，我们就极力劝他不要去，避免触景生情。这样，毛主席就没有去，但其他中央领导都去了。"追悼会由杨尚昆主持，有三万多名干部群众参加。会后，他们把烈士们临时葬在飞机场附近。后来，建成烈士陵园后，才把烈士遗骨迁往陵园。

四、亲人们深切怀念

陈慧清，是邓发的妻子。1909年生，广州番禺人，1926年参加中国共产党，是中国共产党著名的历经长期革命斗争考验的女同志。她与邓发相识在广州工作期间。两人于1928

1945年，邓发与夫人陈慧清在延安。

年订婚，1930年在香港结婚。后陈慧清随邓发到中央根据地，一起走过长征，一起在延安、新疆工作。邓发遇难时40岁，陈慧清37岁。新中国成立后，陈慧清先后出任广东省民政厅副厅长、广东省总工会副主席，是广东省妇联、广东省政协、广东省人大常委。1983年4月8日因病在广州逝世。

陈慧清得知邓发遇难的消息时在延安，她心情极度悲痛。1946年4月20日《解放日报》登载了陈慧清的文章《为了永久的记忆》，诉说了噩耗传来的心情："飞机未失事前，听到你即将归来，我是多么的兴奋！尤其我们离开已久，这种兴奋更是不可以想象的。你最喜爱的儿子——北生，他也盼着爸爸的归来，盼着获得离别已久的爸爸的爱抚。然而，这些都已成了幻影！……自得到你牺牲的消息后，我于绝望

1946年，陈慧清与儿子邓北生在延安。

的悲痛中，痛苦悲泣也去不了郁结的悲哀，可是不管怎样，你的死已是不可挽回的了！"

陈慧清十分怀念与邓发的夫妻感情，他们结合已16年之久，感情十分深厚的，相互间不仅是朋友、夫妇，还是最亲切的同志。"正因为如此，你不愿因私人生活而妨碍你的工作或者作为一个柔顺的丈夫，你常常督促指责着我的学习和工作，希望我做一个有力的战士。然而，你这种好心，使我有时感觉到你对我有些苛刻。但是，现在想起来你的这些督促和指责是完全对的，并使我深深地体验到这种督促和指责是我所需要的。……我深深体验到，你全部的生活是溶于革命事业中，每日萦绕你脑际的是如何去做有益于党和人民的事业。你冷静的沉着的工作。我常感觉到在革命事业上，你有不可摇撼的决心和信念……"

1963年，陈慧清在一次会议上讲话。

陈慧清心痛地回忆丈夫邓发对她的照顾和关怀。在陈慧清分娩时，邓发正在筹备召开工人代表大会，但他仍抽出一点点时间跑来探望妻儿。到妻子出院后，邓发虽每夜工作到12点，但也不忘来替儿子北生换尿片和喂牛奶，让妻子在月子里能得到更多的休息。在儿子北生出生后三个多月的时候，陈慧清生病了一个多月，那时全赖得到邓发的细心照顾。"北生啼哭影响你的工作及休息，你也不厌烦他。我在这种痛苦中回忆过去的一切的一切，怎能不更增加我的哀思呢？……你最爱的北生，请你放心，我对他的抚育，在党和同志们的帮助之下，我一定将他抚育长大成人，继续着你的遗志，使他时刻记忆着爸爸是为党为人民的利益而被难的烈士！"

邓发遇难后的第三日，延安的《解放日报》专访了陈慧清，并在4月21日刊登了《邓发同志夫人访问记》。访问中，陈慧清以非常质朴和谦虚的态度回答了记者的一切问题。陈慧清与邓发结婚不到半月，邓发就被派到琼崖巡视工作，一去半年多，因为行程机密，陈慧清只知道邓发参与的是党的工作，其他一概不追问。邓发出生于穷苦家庭，家中兄弟姊妹十人，入不敷出，但是他做工的工资几乎全部送给党内经济困难的同志，而顾不上家里的开支。他也曾因忙于工作，而忽略了家中的眷属。从此可看出邓发对党的忠诚，从来不计较个人的事。

陈慧清离开香港后，先随邓发到闽粤赣苏区，任该区党的妇委书记；后来去了瑞金，在政治保卫局工作。在长征过

1956年4月8日，陈慧清与家人在延安。右起：邓芳、邓章、
邓金娜、陈慧清、邓北生。

沉痛哀悼　深切怀念

程中，陈慧清深刻体会到邓发处处关心同志的心情。有一回陈慧清找到了一点白面，做了半碗面糊要邓发吃下，但他说大家要同甘共苦，不肯吃就走了。到陕北后，夫妻俩因工作关系有相聚的机会，但也经常因工作而相隔天南地北，有时长达一两年。他要走时总是告诉陈慧清，党有新的工作要离别一段时间，从没对她透露具体的机密内容。陈慧清说到邓发既关心群众，又善于接近群众。1941年陈慧清初到中央党校，去和一些炊事人员谈话，听到他们说邓发校长不像个校长，没有任何架子。邓发常常在晚上八九时做完工作以后，去找炊事员、杂务员谈天，去征求他们的意见，询问他们的生活情况。

面对此次不幸事件，陈慧清认为，最可惜、最令人痛心的，是在政治协商会议的决议还没实现的时候，他们遭到不幸，人民解放事业还远未完成。"我们只有决心继续他们的事业，为全国和平民主的实现，为打倒破坏全国和平、民主事业的法西斯残余势力而奋斗到底，才是纪念他们的唯一办法！"

20世纪七八十年代，邓发的亲人和党史工作者，多次采访陈慧清，整理出陈慧清口述的《往事历历忆邓发》。我们可从她的言语中了解陈慧清本人以及她与邓发的挚爱感情。

丈夫邓发的离逝是很突然的，陈慧清回忆，邓发出发去巴黎参加世界职工大会前，先到重庆与朱学范会合，再一起去法国巴黎。邓发离家临走时因行程机密，没有同家人交代要去法国，只说要离开一段时间，怎知他这一去便成了永别！

1966年4月9日，陈慧清与儿子邓北生在邓发墓前。

沉痛哀悼　深切怀念

1950年，邓金娜从莫斯科回到北京，与妈妈陈慧清、弟弟邓北生合影。

　　邓金娜、邓北生是邓发与陈慧清所生的儿女。邓金娜1938年生于延安，不到一岁就被送到苏联共产国际幼儿院寄养，1950年12岁时才回到中国。邓北生1944年生于延安，2岁时便失去了父亲。他们脑海中的父亲，是从母亲陈慧清深情的叙说中，从父亲生前战友、部属、故旧的缅怀中，从各类纪念文章和报道中积汇而成。邓金娜、邓北生两姐弟在纪念邓发同志九十周年诞辰大会上，发表题为《爸爸，我们永远怀念您》的讲话。

　　在儿女们心中，父亲邓发是这样的：父亲邓发是广东云浮一个普通农民家的儿子，因家里穷孩子多，父亲没有机会上学，未成年就被迫离家外出打工，曾辗转在广州、香港两地，过着寄人篱下、看人眼色、受尽盘剥的艰难生活。后遇

邓金娜在苏联共产国际幼儿院。前排左起第三为邓发女儿邓金娜。

沉痛哀悼　深切怀念

上贵人，在工运领袖苏兆征等人的教育和影响下，父亲才走上革命的道路，成为一名中国共产党党员。父亲是经过香港海员大罢工、省港工人大罢工的锻炼，以及北伐战争、广州起义的战斗洗礼；曾在红色苏区工作，特别是在江西瑞金第一届中华苏维埃政府的国家保卫局局长的岗位上，丰富了他的革命斗争经验；参加举世闻名的二万五千里长征，担任新疆八路军办事处主任、延安中央党校校长以及职工委员会书记等，丰富的经历使他从政治上、理论上成熟起来。最后，成长为中国工人运动以及中国革命运动的领袖之一。

　　在母亲的讲述中，邓金娜、邓北生知道，父母一共生了

1944年，邓发与出生100天的儿子邓北生在延安。

5个孩子，大哥哥在老家代养后因病而去，母亲1932年在江西瑞金及1935年长征途中还先后生过两个姐姐，但都是一出生就送给当地的老乡，至今也找不回来。而他俩姐弟出生在延安，能够得到妥善安排。为此，父亲邓发经常对母亲陈慧清说，只有北生一个孩子留在身边，一定要把他抚养成人。要告诉他，他是人民的儿子，让他永远不要忘本。

现留在儿女身边的父亲的遗物，就是一块珍贵的手表。那是父亲邓发坐飞机回延安前，交给其他同志，让同志帮他卖掉，换钱代寄回家乡他哥哥，以解决家里人的困难。后来邓发飞机失事，手表成了烈士遗物，周恩来在重庆得知此事，表示钱由组织负责寄，手表是烈士的遗物，让同志交给

邓发使用过的手表

母亲陈慧清好好保存。

儿女们为如此的父亲感到骄傲。邓发对中国人民解放事业的执着，对阶级敌人的仇恨，对家乡亲人的眷恋，对同志和朋友的热情、豁达，对是非曲直爱憎分明，他处事机敏干练，乐观主义的精神，这些都值得人们永远怀念。

为纪念"四八"烈士，延安逢10年均举行重大纪念活动。1956年、1966年、1976年、1986年、1996年邓发家人均回延安参加纪念活动。1985年春节，邓小平、杨尚昆在广州接见邓发的女儿邓金娜，深表对邓发的怀念。1996年，杨尚昆参加延安"四八"烈士纪念活动，热情地接见了邓发家人及亲友。

2003年1月10日，《邓发纪念文集》在广州举行首发式。2月26日，李铁映为《邓发纪念文集》出版题词："邓发同志革命精神永存。"2月28日，《邓发纪念文集》出版座谈会在北京举行。

邓发的故乡广东省云浮市，为纪念邓发，建立了邓发小学、邓发纪念中学、邓发故居纪念馆、邓发广场等。每年的3月都在邓发纪念中学举行邓发诞辰周年纪念活动，旨在引导学生铭记邓发的业绩，弘扬邓发的精神，继承革命传统，培养爱国主义精神，为祖国的现代化努力学习，早日成才。